젊어부자의 재테크 특강

직장인

부자

되기

젊어부자의 재테크 특강

직장인 부자되기

젊어부자의 재테크 특강

직장인
부자되기

젊어부자의 재테크 특강

직장인자
부되기

젊어부자의 재테크 특강

직장인 부자 되기

문대리, 언제 집도 사고
20억도 모았대?

BM 성안당

젊어부자의 재테크 특강

직장인자기
부되기

Prologue

월급만으로는 제대로 된
집 한 채도 사기 어려워 시작한 재테크

이 책을 집필하려고 마음을 먹었던 무렵은 그야말로 암호화폐가 전성기를 구가하던 시점이었다. 물론 그때가 암호화폐의 전성기가 맞는지는 나중에 가봐야 알겠지만 지금 시점에서 보면 그렇다. 그래서 한편으로는 '집필을 그만둘까?' 하며 수차례 깊은 고민을 했었다. 부동산, 주식과 더불어 암호화폐로 나름대로 재테크의 정점을 찍으면서 이 책의 집필을 시작하게 되었기 때문에, 출간 무렵인 현재의 그다지 좋지 않은 투자시장 가운데 주관적인 투자 방법 등에 의해 혹시나 피해를 보는 사람이 생기지는 않을까 우려한 것이다.

그래서 투자 해법은 아니지만,

투자하기 전 알고 가면 좋은 것들을 나누고 싶어….

그러나 돌이켜 보면 내가 쓰고자 했던 책은 절대적인 투자 해법을 제시하고자 했던 것이 아니다(아쉽게도 절대적인 투자 해법에 관한 책은 사실 없을 것이다). 또한, 공인된 투자 전문가도 아니어서 전문적인 지식을 전달하는 것보다 실제 경험을 바탕으로 한 재테크의 성공과 실패를 공유하여 도움을 주고자 하는 것에 의의를 두었다. 그렇게 마음을 굳게 먹고 집필 작업을 이어나갈 수 있었다. 재테크 혹은 투자는 필수가 아니다. 이 책에서 강조하는 것도 '재테크를 무조건 시작하게 하는 것' 혹은 '재테크의 장점 등 좋은 점만을 부각하는 것'에만 있지 않다.

> 재테크를 시작하는 사람들이 있다면 준비되지 않은 재테크는 화를 부르기에 십상이기 때문에 기본을 제대로 알고, 투자에 대한 자세와 접근법 등도 잘 배우고 익힌 뒤에 투자했으면 하는 마음을 담아 실제 경험을 바탕으로 이야기를 풀어본 것이다.

사실 재테크를 시작하면서부터 약을 달고 살고 있다. 모든 것을 포기하고 싶다는 생각이 들 때도 여러 번 있었다. 그래서 재테크에 대해 무조건적으로 신봉하지 않을 뿐 아니라 강하게 권할 마음도 없다. 혹시 재테크로 인해 받지 않아도 될 스트레스를 받을 수도 있고, 병을 얻고 건강을 잃어 일상을 망칠 수도 있기에, 여러분은 재테크를 본격적으로 시작하기 전에 반드시 진지한 고민의 과정을 거쳤으면 한다.

재테크를 시작하게 된 첫 동기는 회사에 다니면서 받는 월급만으로는 제대로 된 집 한 채 사기가 몹시 어렵다는 것을 경험한 순간이었다. 이후 무엇이든 월급 외에 추가 수익이 있어야 집도 사고, 보다 여유 있는 삶이 가능하다는 생각을 깊게 하게 되었다.

물론 돈이 많다고 무조건 인생이 행복한 것은 아니다. 그것은 사람마다 가치관과 생각이 모두 다르기 때문일 것이다. 그러나 돈이 있으면, 더욱 여유로운 삶이 가능한 것만큼은 분명하지 않을까? 특히나 시간에 대해서는 더욱 그럴 것이다. 돈이 풍족하다면 시간을 살 수 있다. 시간은 하루 24시간으로 한정적이지만 우리는 돈을 벌기 위해 매일 일정 시간 이상을 회사에서 일하는 것으로 보낸다. 게다가 대한민국은 전 세계에서 2번째로 근로시간이 많은 나라이다. 소위 금수저를 물고 태어나지 않은 평범한 사람은 자신의 인생과 시간을 돈과 교환하고 있는 것이다. 자신이 하고 싶은 여가 생활을 누리고 여유 있게 살기 위해서는 시간이 필요하며, 그 시간은 일하는 시간이 줄어들수록 많아진다.

처음 재테크를 시작하면서 죽으라고 일만 하면서 젊은 날 대부분을 낭비하고 싶지 않았다.

가령, 1억 원의 추가 수입은 보통 직장인들에게 2~3년의 회사생활과 치환될 수 있는 큰 부분이다. 나름대로 대기업에 다니며 그에 걸맞은 임금을 받지만 그렇다고 해서 이 임금 수준이 내가 흘려보내고 있는 수많은 시간에 대한 합리적인 보상이 될 수 있을지에 대해서는 늘 의문이다.

나는 항상 시간에 관해 가치를 매기는 습관이 있다. 이 책을 쓰고 있는 지금도 이 시간이 과연 어느 정도의 가치를 매길 수 있는 시간인지, 어느 정도 의미 있는 시간인지를 따져본다. 어쩌면 이 책을 쓸 시간에 잠을 자고 있다면 피로가 풀려 더 활기찬 내일을 기대할 수 있게 될지도 모르고, 다른 공부를 통해 도움이 될 수 있는 더 나은 지식을 얻게 될지도 모르고, 가족들과 보내는 시간을 통해 더 큰 행복을 누릴 수 있을지도 모른다. 같은 관점에서 회사에 다니면서 일하는 시간이 결국 나를 위해 쓰는 시간의 가치를 충분히 보상하지 못한다고 생각하게 되면 회사도 그만둘 작정이다.

세계 최고 부자인 빌 게이츠(Bill Gates)의 '바닥에 떨어진 1달러(dollar)를 줍지 않고 그냥 지나가는 것이 더 이득'이라는 우스갯소리가 있다. 바닥에 떨어진 1달러를 줍기 위해 사용한 1초가 그의 인생에서 손해가 된다는 이야기다. 세상에 태어나 한 번뿐인 이 시간은 흘러가면 다시는 돌아오지 않는 소중한 시간이다. 이 시간에 대해서는 전 세계 누구도 다 똑같은 방법으로

사용하지 않는다. 회사 일을 하면서 일만 하는 사람도 있지만, 회사 일과 더불어 틈틈이 자신에게 도움이 되는 공부 등을 하는 사람도 있다.

재테크는 정말이지 쉽지 않다. 필수적인 일도 아니다.

그러나 보통의 임금을 받아서 삶을 여유 있게 살기 힘든 현실 속에서 자신의 인생을 좀 더 가치 있게 살기 위해 시간을 벌어보고자 하는 목적이라면, 재테크는 해볼 만한 가치가 있다고 생각한다.

결국, 모두 풀어내는 방식은 달라도 재테크를 하는 목적, 즉 지금보다 조금 더 나은 미래를 위한 꿈과 희망은 모두 같을 것이다. 그러나 그 꿈을 실현하기 위한 재테크 현장은 총성 없는 전쟁터와 다름없다. 단지 돈을 위해, 꿈과 희망을 위해 무작정 뛰어들기에는 너무 무섭고도 어려운 곳이다. 그래서 이 책을 썼다. '재테크를 시작하려는 여러분이 재테크 전쟁에 뛰어들기 전에 준비를 잘하고 마음을 다잡은 뒤 시작했으면' 하는 마음으로 내 경험을 글에 녹였다. 여러분에게 조금이나마 도움이 되었으면 하는 바람과 함께 건승을 빈다.

젊어부자 문주용

Contents

제3장 부동산투자

제4장 주식투자

부록 투자 스터디

Epilogue

제 1 장　돈 되는 투자 노하우

회사의 대리님들, 심지어 과장님들 중에서도 상당수가 아직 전세에 살고 있었으며, 그들은 밥을 먹을 때도, 휴식시간에도 주식 이야기, 부동산 이야기를 했다(요즘은 암호화폐 이야기도 많이 한다). 분명히 그들은 나보다 더 많은 월급을, 그것도 오래 받아왔고 열심히 저축도 하고 있었지만, 끊임없이 추가 수익을 바라고 있었다. 그들은 알고 있었다. 평범한 월급쟁이들이 월급만 모아서는 '서울에 내 집 마련하기'라는 소박하지만 거대한 그 꿈을 이루기가 절대 녹녹하지 않다는 것을 말이다.

| 01 |

직장을 다니면서 만드는 재테크 효과

10억만 모으자

적지 않은 금액이다. 여느 직장인들처럼 나 역시 불과 5년 전만 해도 '10억만 모으자. 인생이 바뀔 거야!'라고 생각했다. 그리고 종일 투자에 모든 힘을 기울이는 '전문적인 투자자가 되지 않고서는 투자로 성공하긴 절대 힘들 것 같다'는 생각도 했다. 그런데 내 나이 32살이 되던 해, 남들보다 조금 빨리 그 꿈을 이루게 되었다. 그것도 평범하게 직장을 매일 출근하면서 이룬 성과다.

Q. 어떻게 이루었나요?

아마 그것이 가장 궁금할 것이다. 본격적으로 노하우를 설명하기 이전에 먼저 내가 이룬 성과들을 나열해보려 한다. 드라마도 막장 스토리가 좀 나와야 욕하면서도 계속 보게 되는 것처럼, 이 책도 적당히 재수 없게 느껴져야 끝까지 읽지 않겠는가?

　나의 재태크 성과는 세 가지, 즉 부동산, 주식 그리고 암호화폐로 나누어 볼 수 있다.

부동산	주식	암호화폐

부동산, 1억으로 시작해
시세 10억 넘는 아파트 소유

아직도 많은 사람이 부동산은 '돈이 좀 있는 나이 든 어르신들이 하는 것'으로 생각하는 것 같다. 이것은 공인중개사무소에 계약하러 갈 때마다 더욱 피부에 와 닿았다. 올해에만 공인중개사무소에 계약서를 3번이나 작성하러 갔다. 그때마다 관련자들의 질문은 한결같다.

　"어머, 젊은 분이 어떻게 벌써 부동산 계약을 하러 다니세요?"

　때로 사기꾼은 아닌지 의심의 눈초리로 테스트하는 질문을 던지기도 한다.

"잔금은 제날짜에 치러주실 수 있는 거죠…?"

그러면 나는 간단하면서도 무심히 대답한다.

"아, 부모님이 부동산을 하시는 데 관심이 좀 있어서요."

남들보다 조금 빠른 나이에 부동산을 접했다. 그런데 사람들 대부분은 '나이가 있어야만 부동산을 할 수 있다'고 생각하는 것 같다. 결론부터 말하자면 "절대 그렇지 않다"고 말해주고 싶다. 한국에서는 부동산이야말로 남들보다 조금 더 부지런하고, 발로 뛰면 누구나 할 수 있는 재테크이기 때문이다. 주식처럼 손가락 하나로 이루어지는 재테크 수단이 아니기 때문에 발로 직접 뛰어야 한다. 이에 대한 상세한 내용과 방법은 뒤에서 자세히 알아보도록 하고, 지금은 본격적으로 어떻게 1억 원으로 시작해서 10억 원이 넘는 아파트를 갖게 되었는지에 대해 설명하겠다.

인생 처음으로 분양받은 곳은 2014년 7월, 서울 장승배기역 앞 상도파크자이 아파트였다. 그리고 같은 해 11월 경기도 오산에 아파트 한 채를 매수했으며, 2015년 11월 마포구 마포자이 3차를 두 번째로 분양받았다. 그리고 현재는 서울 광진구 구의아크로리버 한 채를 보유 중이다(현재 10억이 훌쩍 넘는 금액으로 거래되는 아파트다).

부동산 재테크 역사에서 가장 뼈아픈 기억은 처음 분양받았던 상도파크 자이를 포기한 것이다. 그때 이 아파트를 계약해서 올해에 매도했다면, 이렇게 재테크에 목매고 있지 않을지도 모른다. 당시 이 아파트를 5억 8천만 원에 분양받았지만, 저층(4층)이라는 이유 하나만으로 포기했었다. 그러나 사실 그것은 핑계이고, 이제 막 입사한 사회 초년생이었던 그때는 분양에 대해서 잘 알지 못했고, 당장 5억 8천만 원이라는 어마어마한 금액을 내야 한다는 사실에도 지레 겁을 먹고 포기했다. '지금 알고 있는 것들을 조금 더 일찍 알았더라면 절대 놓치지 않았을 텐데…'하는 아쉬움이 남는다. 게다가 이 아파트는 지금은 상상하기 어려운 발코니 무료 확장에 중도금 무이자라는 파격적인 조건까지 있었기에 아쉬움이 더 크다. 그리고 2014년 11월, 직장이 경기 평택(오산과 가까움)이라 오산에 33평 아파트를 매수하였다.

그 당시만 해도, '결혼할 때 집은 남자가, 혼수는 여자가 해오는 것'이라는 고정관념이 있었고, 나 역시 '집사람과 아이는 전셋집에서 살게 하고 싶지 않다'는 책임감에 아파트를 매수한 것이다.

어릴 때만 해도 '집 없는 설움'이라는 것이 있었다. 집주인 눈치를 보느라 아이들은 제대로 뛰어놀지 못했고, 주인댁 아이들의 눈치도 봐야 했고, 집주인이 갑자기 올리는 보증금을 감당하지 못해 엄동설한에 쫓겨나는 일들이 비일비재했다. '내 자식들은 집 없는 설움을 느끼게 하지 않겠다!'라는 생각에 아파트를 매수했지만, 재테크 관점에서 보면 그것은 현명하지 못한 선택이었다. 물론 부동산에 대해 조금은 알고 샀기에 후회는 없지만 말이다.

앞서 말한 상도파크자이를 포기하면서 소위 말하는 부동산 로또를 놓친 후, 만약에 다시 한 번 아파트 당첨 기회가 온다면. 그때는 꼭 끝까지 들고 가겠다. 부동산은 결국 '오래 버틴 사람이 이긴다'는 생각으로 가득 차 있었고, 마침내 2015년 11월, 마포자이 3차를 분양받게 되었다. 다짐대로 이 아파트는 끝까지 끌고 갔고, 결국 2017년 후반기에 매도하여 첫 번째 부동산 수익을 내게 되었다. 그리고 현재는 광진구의 아파트를 흔히 '갭 투자'라고 하는 방식을 통해 매수하여 보유 중이다.

'갭(gap) 투자'란 집값과 전셋값의 차이가 적은 집을, 전세를 끼고 매수하는 투자 방식이다. 예를 들어, 매매가격이 2억인 집의 전셋값이 1억 5천만 원일 경우, 이 집을 전세를 끼고 5천만 원에 매수하는 것이다. 이 경우, 일정 기간 뒤 집값이 크게 오르면 팔아서 시세차익을 남길 수 있다. 다음은 실제 청약 당첨 내역이다.

과거당첨사실조회

▶ 조회기준일 (최초 입주자모집공고일 또는 당첨자발표일)

2016 ∨ 년 11 ∨ 월 07 ∨ 일 [조회] [인쇄]

▶ 청약자 본인의 당첨사실 검색결과

성명	문주용	(주민등록번호 : 860221-*******)				조회기준일	2016.11.07
	주택명	동·호수	당첨일자	제한사항			
				재당첨	특별공급	부적격자	투기과열지구
당첨사실	서울마포자이 3차	103동 2204호	2015-11-19	-	-	-	제한기간: 2020-11-18 (현재 투기 과열지구 없음)
	상도파크자이	103동 0403호	2014-07-03	제한기간: 2019-07-02	-	-	(현재 투기 과열지구 없음)

[과거당첨사실조회 내역]

- 2014년 최초 상도파크자이를 분양받은 후 포기한 경험 있음.
- 이후 즉시 청약통장 가입. 1년 후 1순위 조건이 되자 청약신청 시작. 2015년 11월 2번째 청약 당첨.

그럼, 여기서 한 가지 질문을 하겠다.

> **Q. 이 많은 아파트를 사기 위해 든 돈은 얼마일까?** (등기 비용 제외)

놀랍게도 이는 단, 1억 원으로 시작하여 이루어 낸 결과다.

어떻게 가능했을까? 처음 내 이름으로 등기를 한 오산의 아파트는 2억 6천만 원에 매수했다. 그럼, 당시 1억 원밖에 없었는데, 어떻게 2억 6천만 원짜리 집을 매수할 수 있었을까? 그 비밀은 바로, LTV와 DTI를 잘 활용한 데에 있다.

LTV(Loan to Value Ratio)란, 주택담보대출비율(주택을 담보로 돈을 빌릴 때 인정되는 자산가치의 비율)을 말하는 것으로, 이 당시만 해도 정부규제가 심하지 않아 LTV 70%까지 대출을 받을 수 있었다. 다시 말해, 2억 6천만 원짜리 집을 사면서 1억 8천2백만 원까지 대출을 받은 것이다. 또한, 직장이 있었기에 DTI 대출에도 전혀 문제가 없었다. DTI(Dept to Income)란, 총부채상환비율(금융부채 상환능력을 소득으로 따져서 대출한도를 정하는 계산비율)을 말하는 것으로, 이는 대출상환액이 소득의 일정비율을 넘지 않게 하려고 실시하는 제도인데, 이 당시만 해도 직장인들은 크게 DTI에 영향을 받지 않고 대출을 받을 수 있었다.

이렇게 종잣돈 8천만 원에 대출받은 1억 8천만 원을 더해 인생 첫 아파트를 매수하였다. 그 후로도 내 집 장만의 기쁨에 취하지 않고, 정말 열심히 아끼고 아끼며 저축했다. 그리고 한 해가 지난 2015년 11월, 또 한 번의 기회가 찾아왔다. 마포자이 3차에 청약 당첨이 된 것이다. 이때 계약금이 7천1백만 원이었는데, 이는 내가 저축해 둔 돈보다 큰 금액이었기에, 마이너스통장의 도움을 받아 계약금을 마련할 수 있었다. 그리고 마이너스통장의 도움으로 계약할 수 있었던 이 아파트가 인생 처음으로 부동산 수익을 선물해 주었다.

이렇게 형성된 부동산투자와 주식투자 수익으로 서울 광진구에 위치한 구의아크로리버를 갭 투자를 통해 구매하였다. 나의 부동산 철학에 따라, 이 아파트는 실거주만 해도 큰 수익을 가져다줄 것으로 생각했으며, 현재 이곳은 매도호가(한강 전망의 고층일 경우)가 10억이 훌쩍 넘는다.

알면 충분히 가능하다. 하지만 몰라서 혹은 부동산에 관해 관심을 두지 않아서 못하는 것뿐이다. 안타까운 점은 현재 청약 당첨이 하늘의 별 따기보다 어려워 지금 당장 나와 똑같이 하기는 힘들다는 것이다. 하지만 미래에 여러분에게 올 기회를 잡기 위해서는, 여러분도 분명히 알고 있어야 한다. 집을 사는 방법에 대해서 말이다.

| 부동산 | 주식 | 암호화폐 |

주식, 트렌드를 읽고
매매기법을 익혀라

사실 나도, 주식투자의 고수는 아니다. 그럼에도 불구하고 꿀 팁 한 가지를 주자면, '트렌드(Trend) 분석에 만전을 기하라'는 것이다. 그렇다면 트렌드

분석은 어떻게 하는 것인지 궁금할 것이다. 가장 간단하면서도 쉬운 방법은 '뉴스를 끊임없이 보는 것'이다. 웹툰 볼 시간, 휴대전화로 게임할 시간을 조금만 쪼개서 경제면을 하루 10분만 보면 된다. 경제면 내용을 정독하고 공부하라는 것이 아닌, 나라가 어떻게 돌아가는지, 세계가 어떻게 돌아가는지, 요즘 트렌드가 무엇인지, 최근 뜨고 있는 지역이 어디인지 등에 관한 트렌드를 읽으라는 것이다.

트렌드를 알아야 종목이 보인다. 예를 들면, 한국에 외국 여행객이 급증한다는 뉴스가 조금씩 보이기 시작한다면, 여러분은 어떻게 해야 하겠는가? 당장 화장품, 면세, 관광 관련주를 사놓아야 할 것이다. 하지만 이미 때는 늦었다. 주식을 하는 사람이라면 누구나 한 번쯤은 이런 경험을 해보았을 것이다. '화장품 관련주'라고 네이버에 검색해보니 이미 고점을 찍고 있었고, 그걸 보며 '아 진작 샀어야 했는데…'라며 탄식해본 경험이 한 번쯤 있을 것이다.

여기서부터가 중요하다. 고점에서 절대 매수 금지다. 내가 트렌드를 읽기 전에 남들이 사버렸다면 절대 사면 안 된다. 명심하라! 주식은 옆의 그림처

[주식의 정직한 사인파]

럼 너무나도 정직한 사인파(Sine Wave)로 움직인다. 지금 안 사도 언젠가 기회가 온다. 안 와도 좋다. 안 오면 쿨(Cool)하게 보내주자. 내가 이 주식을 사지 않아도 주식시장은 잘 돌아가고, 세상은 잘 돌아간다. 마치 이거 안 사면 세상 무너질 것 같겠지만, 절대 그렇지 않더라. 물론 이건 경험에서 우러나와 하는 말이다. 나도 수없

이 당하고 느꼈으니까 자신 있게 조언해 줄 수 있는 부분이다.

오히려 주식은 종목 선정도 중요하지만, 매매 기법이 더 중요하다고 생각한다. 모든 주식을 보면 오르고 내림이 존재한다. 이것만 알고 기술적으로 접근한다면 적어도 돈을 잃는 재테크는 하지 않을 것이다.

나의 주식투자 성과가 궁금할 여러분을 위해 그 내역을 먼저 공개한다. 그림에서 보는 바와 같이, 당시 구매했던 신라젠은 명실공히 나의 효자 종목이었다. 이 종목은 수익률이 무려 936.40%나 되었고 2017년 11

[나의 신라젠 수익률]

월 21일에는 152,300원까지 오른 금액으로 거래되었다. 해당 종목은 틈틈이 매매를 진행했고, 최종 매도 시점에 1억 원 이상의 수익을 실현하였다. 그렇게 총 3개의 주식계좌를 운용하며 위의 계좌와 별개로 2017년 한 해 동안 주식투자를 통해 각각 연평균 166%, 128%의 추가수익도 발생시켰다.

[나의 주식투자 성과 내역]

[아내의 주식투자 성과 내역]

| 부동산 | 주식 | 암호화폐 |

암호화폐, 채굴과 재정거래, 트레이딩으로
몇 년 치 연봉을 손에 넣다

암호화폐! 사실 인생 재테크의 정점을 찍어준 종목이다. 세계적으로 암호화폐에 대한 붐이 일면서, 국내외거래소가 우후죽순 생겨나고, 모든 사람이 코인을 쉽게 접하게 되었다. 전문가가 늘어나고 흔히 고래라 불리는 큰 세력들이 생겨나기 시작했다.

　주식, 부동산 그리고 암호화폐 모두가 마찬가지인 것은 힘이 있고 돈이 있는 큰 세력들이 들어오게 되는 순간 개미들은 그들의 제물이 될 수밖에 없다는 것이다. 나는 이런 시장구조를 알기에 트레이딩 또는 단타에 집중하지 않는다. 그래서 주된 수익 구조는 첫 번째가 채굴이고, 두 번째가 시세차익(재정거래) 거래였다. 여러분도 기회가 된다면 흔히 주식에서 보여주는 세력들의 매집 방식, 자전거래(Cross Trading, 거래량을 부풀리기 위해 자기 식구끼리 주식을 사고파는 것), 가두리매매법(골라 먹는 수익법) 등에 대해 검색하여 공부해 보길 바란다. 냉혹한 시장구조를 이해하는 데 도움이 될 것이다.

　2017년 5월, 처음으로 이더리움(이더리움[ETH, Ethereum]이란, 비트코인처럼 거래 명세가 담긴 블록이 사슬처럼 이어져 있는 블록체인[blockchain] 기술을 기반으로 한 암호

화폐의 한 종류이다) 채굴(Mining)에 대해 접했다. 예전부터 비트코인의 기본원리는 알고 있던 터라 쉽게 채굴이란 의미를 알 수 있었다. 180만 원이라는 거금을 들여 그 래픽카드 4장과 컴퓨터 부품을 사서 채굴기 한 대를 조립하였다. 전자공학을 전공하였지만, 컴퓨터 조립이라고는 해본 적이 없어 전원(Power)도 넣을 줄 몰라 쩔쩔매기도 했다. 직장생활과 육아를 겸업하며 3일 밤을 새운 결과, 처음으로 직접 조립한 채굴기로 채굴에 성공하였다. 첫 성공과 동시에 내 안에 작은 울림이 있었다.

'이건 되는 거야! 무조건 해야 해!'

이왕 하는 거 제대로 해보자는 생각에 대형 채굴장들을 수소문하고 무작정 방문하였다. 그곳은 정말 처음 보는 세상이었다. 다행히 채굴기를 조립해보고 원리를 알고 방문한 터라 클라우드, 다단계 등의 사기에 빠질 일은 없었다.

'그렇다. 뭐든 알아야 살아남는다!'

이 말은 내가 이 책을 쓰는 목적이기도 하다. 평소 도전을 좋아하는 성격이라 앞서 말한 아파트 수익금 전액을 투자하여 공장을 만들었다. 당시 부품가격이 너무 비싸져서 7천여만 원을 투자하여 겨우 24대의 채굴기를 조립하였다. 간단한 전기도 모르는 내가 공장 임대 계약부터 시작하여 배전반 작업, 전기공사까지 진행하였으며, 24대의 컴퓨터 중 14대를 직접 조립하였다. 3개월 동안을 하루 두 시간씩만 자며 모든 PC의 최적화를 완성하였다. '사람도 똑같은 사람이 단 한 명도 없듯이 PC도 같은 부품을 사용하지만 똑같은 애들이 하나도 없더라.' 이 말은 아마 직접 조립하고 세팅해본 사람은 공감할 것이다(세상에 공짜는 없다! 남들이 봤을 때는 내가 공짜로 돈을 버는 것 같겠지만 고생 정말 많이 했다!).

이처럼 열심히 노력한 결과, 드디어 평범한 직장인들의 몇 년 치 연봉을 손에 넣을 수 있었다. 그뿐만 아니라 암호화폐에 대해 많은 것들을 배울 수 있었다. 블록체인의 구조를 알게 되었고, 시장의 흐름이 눈에 보였다. 전세계 시세를 파악하게 되었고, 암호화폐의 특징과 가능성에 대해 알게 되었다. 나아가 암호화폐의 본질까지 알게 되었다. 이 모든 걸 알고 시장에 뛰어드니 질 수가 없었다. 더욱이 앞으로도 재테크 분야에서 최소한 아무 지식도 없이 무리한 투자를 하지 않을 것 같다. 그만큼의 지식과 노하우가 생긴 것이다.

지금까지, 평범한 직장인인 내가 이룬 재테크 성과에 관해 이야기해 보았다. 앞으로 다룰 내용 역시 전적으로 나의 경험을 바탕으로 풀어보려 한다. 전문적인 재테크 교육을 받은 것은 아니므로 전문가가 본다면 이견이 있을 수도 있고, 더 큰 수익을 낸 사람들은 '겨우 이 정도로?'라며 하찮게 여길 수도 있을 것이다. 하지만 이 책이 꿈을 가지고 꿈을 이루기 위해 한 발 한발 나아가는 나와 같은 평범한 직장인이자 소액투자자인 여러분에게 재테크의 기본을 제공해 줄 수 있기를 희망한다. 설령 여러분이 이 책으로 억만장자가 되지는 못하더라도 적어도 재테크에 있어 잃지 않는 습관을 지니게 되기를, 그래서 수익과 성과라는 즐거움을 느끼게 되기를 바란다.

재테크 시작의 계기

서울에 내 집 마련,
그 꿈을 이루기 위해 재테크를 시작하다

우리는 어린 나이부터 누군가에게 '꿈이 무엇이냐?'는 질문을 받으며 살았다. 친구 중에는 대통령이 되고 싶다는 아이도 있었고, 경찰관이 되고 싶다는 아이도 있었으며, 과학자가 되고 싶다는 아이도 있었다. 그러나 그들중 대부분은 나처럼 평범한 직장인이 되어 있지 않을까? 평범한 직장인이 된 그들에게, '지금 꿈이 무엇이냐?'고 물어보면, 뭐라고 대답할까? 아마도 대부분이 '크든 작든 서울에 내 아파트 하나 갖는 게 꿈'이라고 대답하지는 않을까? '겨우 이게, 꿈이야? 서울에 아파트 하나 갖는 것이?'라고 반문하는 사람이 있을지도 모르겠으나, 이것이 오늘 우리의 현실이다. 평범한 직장인들에게, 서울에 내 이름으로 된 아파트를 하나 갖는 것은, 이제 꿈이되었다.

2012년 평범하게 직장생활을 시작하였다. 입사를 확정받고 집으로 꽃과 케익이 배달되어왔던 그 순간을 잊지 못한다. 그때 '내 꿈이 다 이루어졌다'고 생각했고, 앞으로 탄탄대로를 달리며 마냥 행복할 줄 알았다. 왜냐하면, 누가 들어도 알만한 대기업에서 적지 않은 연봉으로 안정된 직장생활을 시작하였기 때문이다. 하지만 얼마 안 되어 이것은 큰 착각이라는 것을 깨달았다.

회사의 대리님들, 심지어 과장님들 중에서도 상당수가 아직 전세에 살고 있었으며, 그들은 밥을 먹을 때도, 휴식시간에도 주식 이야기, 부동산 이야기를 했다(요즘은 암호화폐 이야기도 많이 한다). 분명히 그들은 나보다 더 많은 월급을, 그것도 오래 받아왔고 열심히 저축도 하고 있었지만, 끊임없이 추가 수익을 바라고 있었다.

그들은 알고 있었다. 평범한 월급쟁이들이 월급만 모아서는 '서울에 내 집 마련하기'라는 소박하지만 거대한 그 꿈을 이루기가 절대 녹녹하지 않다는 것을 말이다.

여기서 하나 짚고 넘어가자면, 아파트라고 해서 다 같은 아파트가 아니다. 앞으로 다룰 부동산 이야기에서도 나오겠지만, 지하철역과 가까울수록 집값은 비싸진다. 처음에는 몰랐다. 왜 역세권, 역세권 하는지 말이다. 그리고 소위 역세권이라 불리는 곳의 아파트값은 나름 대기업에 다닌다고 하는 우리도 평생 열심히 모아야 살 수 있을지 말지 하는 꿈이었다.

주식투자를 통해 인생 첫 투자 수익을 얻고, 투자 습관과 투자 흐름을 배우다

인생 처음으로 투자 수익을 낸 것은, 역시나 주식이었다. 직장인이라면 누구나 가장 쉽게 접근할 수 있는 투자 수단이었고, 나 또한 그랬다. 2012년 처음으로 주식투자를 시작했는데, 대부분의 초보 투자자들이 그렇듯, 결과는 항상 손해였다. 첫 투자 종목은 STX였다. 당시는 나름 핫(Hot)한 종목이었지만 지금은 아마 몇 번의 감자와 우여곡절 끝에 정지 종목이 되었을 것이다(사실, 이후로는 이 종목에 관심이 없어 쳐다보지도 않아 구체적인 결과는 잘 모른다).

그 이후에도 2017년 초까지는 계속 손해를 면치 못했다. 그렇다고 아무런 노력도 하지 않았던 것은 아니었다. 내 딴에는 무료 카페와 유료 카페에 가입해 얻은 정보를 바탕으로 투자했다. 하지만 이상하게도 남들은 잘만 내는 수익을, 나는 잘 내지 못했다. 물론 한때, 최대 70%의 수익률도 찍어보았고, 성공한 듯 보인 적도 있었다. 하지만 문제는, 항상 매도 시점을 놓친다는 것이었다. 항상 '어! 어! 어!'하다가 결국은 마이너스가 되기에 십상이었다. 부끄러운 고백을 하자면, 2012년부터 2016년까지 약 5년간 주식투자를 한 결과는 제로(0)이다. 아니, 실은 마이너스(-)가 맞을 것이다. 이는 내 주변 사람이라면 다 알고 있다.

하지만 항상 위기는 곧 기회이고, 실패를 통해 많은 것들을 배울 수 있지 않은가? 5년간의 주식투자에서의 실패는 나에게 쓰라린 경험이었지만, 그 실패를 통해 투자 습관을 배우고, 돈을

잃지 않는 방법을 배웠으며, 투자의 흐름을 배우게 되었다. 또한, 이 경험을 계기로 2017년부터는 지금까지와는 반대로 주식투자를 하였다. 그 결과, 현재는 손해 본 금액을 훨씬 압도하는, 수익률 계산이 안 될 만큼의 수익을 기록하고 있다(지금은 원금을 제외한 투자 수익으로만, 재투자하고 있다). 거기다 이때 배운 재테크의 개념을 암호화폐에 적용하여 상당히 괜찮은 수익을 내고 있다.

이 모든 것들이 약 5년간의 손해로 얻은 결과치고는 나쁘지 않다고 긍정적으로 생각해 본다. 그리고 또 생각한다.

'세상에는 정말 공짜가 없고, 무슨 일이든 공부와 노력, 인내가 필요하다'
는 것을…!

| 03 |
부동산·주식·암호화폐

누구나 생각할 수 있는 2가지 투자 방식(부동산, 주식)에
새로움(암호화폐)을 더하라

보통은 재테크 수단으로 주식과 부동산투자만 있는 줄 알았다. 하지만 이
들 투자 수단은 20~30대의 젊은이들이 접하기에는 진입 장벽이 높아 무리
가 있다. 그러던 중, 2017년에 암호화폐가 뜨거워지며 새로운 재테크 수단
으로 급부상하였다. 특히, 20~30대가 암호화폐에 열광했다. 이는 전 세계
적인 현상이었다. 이러한 광풍을 반영하듯 자극적인 뉴스가 연일 보도되
고 있었다.

chosun.com **사회**							
뉴스	오피니언	경제	스포츠	연예	라이프	건강	포
사회 일반 ⌄		"비트코인은 인생의 동아줄" 2030은 왜?					

'5천만 원이 있어도 흙 수저, 몽땅 다 잃어도 흙 수저. 그래서 투자를 결심했다.'

'지금 한국 사회에서 코인 판만큼 공정한 게 어디 있느냐? 여기선 아버지가 누군지 안 물어본다.'

'젊은 세대가 노동의 가치를 버리고 한탕주의에 빠졌다. 사행성 투기 같은데, 나라가 이렇게 돌아가도 되나? 젊은 세대들의 비트코인 열풍에 걱정과 탄식이 터져 나온다.'

'5천만 원! 있어도 그만 없어도 그만인 돈이다!'

'흙 수저 탈출해 보자!'

[한동희, 이다비기자, 2018.01.11., 〈조선일보 chosun.com〉, '비트코인은 인생의 동아줄…']

Q. 과연 5천만 원은 재테크를 하기에 큰 돈일까 적은 돈일까?

이 책을 읽는 사람이라면 다들 재테크에 관심이 있고, 보통 분양권 신청도 해보았고, 몇몇 회사의 주식을 가진 주주일 수도 있다. 이렇게 재테크를 위해 부지런히 발로 뛰고 공부한 사람에게는 5천만 원이란 재테크를 위한 큰 자본이 될 수 있을 것이다.

사실, 5천만 원은 현재 12억 원 이상으로 추정되는 경희궁자이의 분양 당시 계약금을 치를 수 있는 금액이었다. 내가 분양받았던 마포자이 3차도 약 6개월간 미분양 상태를 유지했고, 최근 가장 핫하다고 할 수 있는 경희궁자이(종로), 헬리오시티(잠실)도 모두 미분양이었기에, 그때만 해도 계약금 5천만 원만 있으면 약간의 대출을 포함하여 이런 아파트들을 살 수 있었다. 물론 이런 얘기는 재테크 혹은 투자에 대해 어느정도 알고 있는 사람들에게 가능할 수 있었다. 그러나 지금은 부동산 정책도 많이 바뀌었다.

5천만 원이란 돈은 있어도 그만 없어도 그만인 돈이 아니라, 최소한의 재테크 지식이 있는 사람이라면 얼마가 될지 모르는 소중하고 큰 금액이다.

Q. 여러분은 암호화폐가 사행성 투기라고 생각하는가?

그렇다. 이 질문은 자극적이고 극단적인 표현이긴 하지만 어떤 측면에서는 맞는 말이다. 하지만 암호화폐투자가 투기라면, 주식투자도 투기고, 부동산투자도 투기이다. 대체 암호화폐투자와 주식, 부동산투자가 어떻게 다르다는 말인가?

정부는 국민들이 내는 국민연금으로 주식투자를 하며, 그 돈으로 공매도라는 제도를 만들어 수익을 낸다. 국회의원들은 그린벨트를 자기들 마음대로 묶었다 푼다 한다. 그리고 그들이 가지고 있는 땅에 스타필드가 들어오고, 고급 아파트가 들어서고, 지하철도 지나간다. 대체, 열심히 사는 선량한 서민들이 이런 시장에서 어떻게 재테크를 하라는 말인가?

암호화폐시장은 이제 막 커가고 있는 신생시장이라 제도가 부족하고 법적인 제제가 적다뿐이지 사실 다른 재테크 수단과 다를 게 없다. 자유민주주의 국가에서 내 돈으로 합법적으로 가치 투자를 하겠다는데 이것을 투기라 몰아세우고 막으려는 의도 자체가 궁금할 뿐이다. 내가 하면 투자고 남이 하면 투기라는 것인가? 여기에 대해서 논하자면 책이 한 권도 더 나올 수도 있겠지만, 목적에 엇나가는 부분이니 이 정도만 하기로 하겠다.

핵심만 말하자면 암호화폐시장은 이제 막 커가는 단계이므로 꼭지를 분명히 알 수는 없다. 그러나 아직 기존 부동산이나 주식시장과는 다르게 정부나 기관, 즉 큰손이 개입되기 전인 시장이기 때문에 투자가치가 있다. 그뿐만 아니라, 암호화폐의 기반이 되는 블록체인은 모두가 인정하는 가치있는 기술이다. 그렇기에, 암호화폐에 대해서 부정적인 우리나라 정부도, 블록체인 기술만큼은 인정하며 발전시키려 하고 있다. 하지만 블록체인 기술이 유지되기 위해선 대가가 필요하고, 코인이 없다면 블록체인을 유지하려 하지 않을 것이다. 이런 근거들을 바탕으로 암호화폐시장은 더욱더 커질 것이다.

여러분에게 무조건 암호화폐투자를 하라는 것은 아니다. 분명한 것은 기존에 우리나라에서 크게 성공한 사람들은 대부분 70년대 강남의 땅 주인들이었고, 안타깝게도 20~30대는 이런 땅을 선점할 기회가 거의 없었다. 이런 상황에서 기존 부자만 더 부자가 되는 현실에서 한 줄기 햇살 같은 무언가가 등장한 것이다. 어쩌면 혁명이 될지도 모르는, 이러한 새로운 기회의 장에 사는 우리가 바로 행운의 시기를 만난 행운아라 할 수 있다.

암호화폐시장을 막으려는 것인지, 활성화 시키려는 것인지, 뉴스에서는 연일 자극적인 기사들을 쏟아낸다.

"이제 겨우 800 → 400조 마켓 캡을 가진 시장, 발전 가능성 무궁무진"

"큰손 개입 이전 시장, 이제 막 은행권에서 암호화폐 거래소에 투자 중.
1월 12일 법무부 장관 발언 이후 국가 지자체 주식 매입"

"JP 모건 튤립버블 발언 이후 비트코인 매입"

뉴스의 내용이 뭐가 되었든 간에, 분명한 점 한 가지는 암호화폐는 좀 아는 사람이 덤벼들면 기존의 재테크 수단(부동산, 주식 등)보다 굉장히 매력적인 도구라는 것이다.

주식, 부동산, 암호화폐는
모두 연결되어 있다

모든 재테크 수단을 통틀어, 조급해하지 않고 기다렸다가 저점에서 사는 사람들이 대체로 큰 수익을 낸다. 이는 주식, 부동산, 암호화폐에서도 마찬가지다. 주식은 종목마다 특징이 있기는 하지만, 크게 전자, 의료, 건설, 미디어, 게임, 자동차, 면세(관광)의 경우 3~5년 주기로 큰 자금이 들어오고 빠짐을 확인할 수 있다. 부동산은 딱히 주기가 정해져 있는 것은 아니지만, 주로 정부가 바뀜에 따라 크게 변동함을 알 수 있다. 내 생각에, 암호화폐의 회전 속도는 주식보다 30배 이상 빠르다.

그러므로 시간을 투자해볼 만하다. 세 가지 재테크 수단의 차트를 펴두고 한번 곰곰이 생각해 보자. 절대 본인이 지금 당장 사지 못한다고 해서 세상이 망하는 것도 아니고, 이러한 영역들이 사라지는 것도 아니다.

여유자금을 확보하고 기다리자. 조급증을 내지 말고, 충분히 기다리자.
그러다 때가 오면, 적절한 스위칭(Switching)을 통해 흐름이 좋은 곳으로 이동하자.

당장은 어렵겠지만 몇 번의 성공을 통해 여유자금이 늘어나고 습관이 생긴다면, 나쁜 투자 습관을 버리고 새롭게 도약할 수 있는 발판이 될 것이다.

투입 비율, 고정된 것은 없다
상황에 따라 유동적으로 배분하라

지금 언급하고 있는 3가지 분야에 대해 굳이 투자 대비 효율을 매겨 보자면 아래와 같다.

부동산투자	Low Risk, Medium Return
주식투자	High Risk, High Return
암호화폐투자	Medium Risk, Very High Return

단, 여러분이 이것을 이해하면서 명심할 것이 있다. 세 가지 분야에 대한 평가는 고정불변의 것이 아니라, 시점에 따라 변동되고, 자신의 지식 정도에 따라서도 변동된다는 것이다. 만일, 내가 암호화폐에 대해 1만 시간을 투자하여 전문가가 된다면, 암호화폐에 대한 자신의 평가는 Midium Risk, Very High Return에서, Low Risk, Very High Return으로 바뀔 수도 있다. 그러므로 3가지 재테크 수단은 유기적이면서도 유동적으로 연결되어 있어야 한다.

현재, 부동산의 경우 전매제한 강화로, 서울 아파트 분양권은 입주 시까지 팔지도 못할뿐더러, 분양권 보유 기간과 관계없이 무조건 양도세 50%

를 내야 한다. 즉, 최소 5년 정도 여유자금을 가지고 투자해야 한다. 또한, 부동산은 직접 거주하며 가치 상승을 바라는 부분도 있으므로 해당 지역 발전 가능성, 생활 인프라, 주거 입지, 학군 등 이것저것 따져 봐야 할 부분이 많다.

주식투자는 누구든지 쉽게 접근 가능하며, 현금화가 쉽다는 장점이 있지만, 위험성이 가장 크다. 말 그대로, High Risk, High Return이다. 또한, 암호화폐도 위험성이 크긴 하지만, 주식에 비할 바가 못 된다. 현재로선, 정부와 기관의 개입이 덜 하므로, 가장 유망한 종목이라 생각된다.

지금까지의 분석을 바탕으로, 현시점에 맞는 3가지 재테크의 투입 비율을 정해보자면 다음과 같다.

부동산 투자	적금으로 들어가고 있는 자금으로 실거주 목적으로, 서울의 소형 아파트 한 채를 대출을 끼고 구매하고 유지 하라!
주식 투자	여유자금의 40%로 주식투자를 하되, 생산, 제조업 관련 쪽 보다는 새로운 분야(미래가치주)에 투자하라!
암호 화폐 투자	여유자금의 60%는 암호화폐에 투자하라!

하지만 잊지 말자! 어디까지나 이것은 현시점에 맞는 3가지 재테크 투입 비율이다. 이것은 상황에 따라 언제나 유동적으로 변할 수 있다.

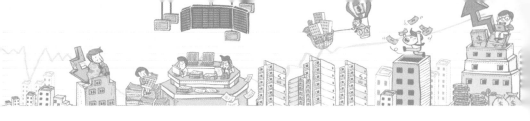

재테크 배팅의 핵심 원리

100원으로 100원은 딸 수 있다
단 1,000만 원으로 1,000만 원은 못 딴다

불과 2년 전만 해도 나에게는 '주식으로 수익률 100% 한 번 찍어 보자'는 목표가 있었다. 2012년 입사 후 80만 원 정도로 주식을 시작하였지만, 2015년까지 100%는커녕 수익을 내본 적도 없는 것 같다. 여윳돈이 생길 때마다 주식에 투자하였지만 내 주식만 떨어지는 이상한 경험의 연속이었다.

'내가 사면 떨어지고, 내가 팔면 올라갔다.'

대부분 사람이 비슷한 경험을 하고 있을 거라 생각된다. 주식시장에서 겪게 되는 이상하리만큼 공통적인 경험이다.

과연 100% 수익은 가능한 것일까

가능하다. 비트코인을 100원 원치 사놓고 2년 뒤에 본다면 반드시 200원 이상이 되어 있을 것이다. 99% 이상 확신한다. 물론 1%의 확률로 30원이 되어 있을 수도 있겠지만, 어차피 100원은 엄청나게 적은 금액이므로 있어도 그만, 없어도 그만이다.

하지만 금액이 커지면 어떨까?

1,000만 원으로 주식을 샀고, 진입 시기를 잘 잡아 다행히도 30%의 수익이 났다. 무려 300만 원이다. 한 달 월급 이상의 금액이 수익으로 잡히고 있다. 사람이라면 이미 손가락이 근질거려 가만히 있을 수가 없다. 금액이 많으면 많을수록 비교 대상은 커지고, 손가락은 더욱더 근질거린다.

분명히 투자하기 전에는 그래프도 보고, 재무제표도 보고, 이것저것 뉴스도 찾아보고, 비슷한 회사와 차트도 비교하면서, 분명히 이 회사는 2배 이상의 성장 가능성이 있고, 차트상 200~300% 상승 여력도 있다고 판단되어 투자할 것이다. 하지만 현실에서 200~300% 수익을 내기란 무척 힘들다.

30%도 사실 엄청나게 큰 수익이다. 경험을 비추어 볼 때, 30%의 수익을 내기도 어려웠으며 대다수 투자자는 아마 30%의 수익을 확인하기 전에 이미 처분하여 정리했을 것이다. 사실 30%가 아니라, 자신이 어디에 투자해서 얼마만큼의 원대한 목표가있었느냐는 둘째치고 수익을 내고 투자가 종료되면 그나마 다행일 것이다.

반대로 수익률 -10%는 어떨까

여러분이 주식에 투자하고 주식 잔고란을 클릭하면 쉽게 볼 수 있는 수익률이다. 나 역시도 주식을 사고 나면 +10%로 올라가기는 그렇게 힘들면서 -10%는 그렇게도 쉽게 가더라. 그 이유는 솔직히 모른다. 그냥 경험상 그랬다. 그래서 그때 속으로 내가 한 말이 있다.

'내가 사면 떨어지는 게, 그게 주식인가 보다.'

우스갯소리 같아도 현실이 그렇다. 투자금의 +3%에서 팔기는 엄청나게 어려운데(수익률이 아직 부족하다 생각하여 못 팜), -3%만 찍혀도 팔아야겠다는 생각이 홀딩해야겠다는 생각을 앞서게 된다.

자, 그럼 다시 앞으로 돌아가서 -10%에서 손절(손절매, 손해[損]를 끊어[絶])해 버리는 매매를 했다 치자. 여기서 내가 원금을 복구하려면 다시 몇 퍼센트의 수익을 올려야 하는가?

예를 들어, 1,000만 원을 투자했는데, -10%에서 손절해서 900만 원이 되었다. 900만 원에서 10% 수익을 올려도 990만 원이다. 1,000만 원이 안 된다. 조금 더 극단적으로 -50%에서 손절했다고 가정해 보자. 사실 이런 사람들 많다. 자기만의 원칙이 없어 "어? 어? 어! 어!"하다 보면 어느새 -50%가 되어 있고, 결국 이쯤 되면, '이거라도 살리자'는 생각에 손절하게 된다.

이제, 1,000만 원이 500만 원이 되었다. 500만 원에서 다시 1,000만 원을 만들려면 100% 수익을 내야 한다. 나는 50% 손해를 보았지만, 원금을 회복하려면 100%의 수익이 나야 한다는 것이다. 불행 중 다행으로 다시 30%의 수익이 났고, 손가락이 또 간질간질하다. 이미 1,000만 원에서 500만 원을 잃어 반 토막인 상황에서 시작한 것이지만, 500만 원에서 650만 원이 된 것으로 착각하기 시작한다. 잔고는 빨간색으로 표시된 +30%가 한없이 커 보인다. 그래서 또 판다. 이것도 다행이라 치자.

하지만 반대의 경우도 있다. 1,000만 원이 500만 원이 되었고, 그 500만 원으로 투자한 게 또 10% 떨어졌다. 잔고에는 -10%가 찍히겠지만, 실제로 550만 원을 잃는 상황이다. 하지만 숫자가 -10%라 이제는 손해에 대해 무뎌지게 된다. 대부분 사람이 이러한 실수를 반복한다. 이미 실패를 했음에도 불구하고, 또 남은 돈을 가지고 괜찮은 종목을 찾아 헤매고 거기서 또 손해를 보거나 목표에 도달하지 못하고 투자를 종료한다.

앞서 언급했듯, 나도 입사 후 마냥 돈 좀 벌어보자는 생각으로 무작정 주식에 뛰어들었고, 누구나 하는 그런 실수들을 했었다. 하지만 그 실수들을 통해 많은 것들을 배울 수 있었다. 지금, 누군가 주식으로 100%의 수익을 내는 것이 가능하냐고 내게 질문한다면, 이렇게 대답할 것이다.

1 소액으로는 100% 수익이 가능하다. 분명, 100% 수익이라는 것이 불능한 것은 아니다.

2 하지만 항상 신경 쓰고 지켜봐야 하는 금액은 100% 수익이 불가능하다. 떨어지면 불안하고, 올라가면 손가락이 근질거려 가만히 둘 수가 없기 때문이다.

3 고로, 본인이 항상 모니터링해야 할만큼의 금액을 투자하더라도, 소액 투자처럼 운용할 수 있다면, 분명 100% 수익은 가능하게 된다.

덧붙여, 현재 100%의 수익을 내고 있는 나의 투자 원칙과 습관에 대해 정리해보면 다음과 같다.

1 투자할 때는 반드시 목표를 설정하고, 도달 전까지는 움직이면 안 된다.
  • 이는 지독한 멘탈 싸움이고, 자신과의 싸움이다. 하지만 수익이든 손해든 목표한 고지에 도달하기 전까진 흔들리지 않는 강한 의지가 필요하다.

2 자신만의 투자 알고리즘을 설정하여 그 방식대로 운용하여야 한다.
  • 흔히 말하는 물타기 또는 불타기가 정해진 때에 정확히 이루어져야 한다.
  • 자신만의 매수·매도 타이밍이 있어야 한다.

3 투자의 시작과 끝을 잘 판단해 주어야 한다.
  • 투자 시퀀스를 만들어 이번 투자의 끝은 '여기다'는 종점을 만들어둬야 한다.
  • 절대 손절했다고 다른 종목에서 수익을 내려 하지 마라.
  • 철저하게 각각의 시퀀스로 관리 하며, 손해나는 종목과 수익나는 종목은 별개로 관리해라.
  • 예를 들어, 내가 A라는 종목에서 10% 수익을 내고 있고, B라는 종목에선 -5%라고 할 때, 이를 5% 수익을 내는 중이라고 착각하지 마라. A라는 종목은 목표한 수익에 도달하도록 내버려두고 B라는 종목은 자신만의 알고리즘을 적용하여 목표한 금액으로 도달시켜야 한다.

여러분도 이러한 자신만의 원칙과 습관을 기른다면, 분명 100원으로 100원을 따는 것뿐만 아니라 1,000만 원으로도 1,000만 원을 딸 수 있다!

1억을 모을 때까진 무조건 절약하라!

억 : 億

'만의 만 배'라는 뜻을 지닌, '일억'억'. 이 한자어에 담긴 의미를 알아보면 참 재미있다.

人(사람 인) + 立(설 립) + 日(날 일) + 心(마음 심)

즉, 사람이 매일 마음에 새겨야 이룰 수 있는 숫자(금액)라는 것이다. 아마 살아가면서 한 번쯤은 이런 말을 들어 보았을 것이다.

1억을 모으면 10억을 모을 수 있고,
10억을 모으게 되면 그 뒤로는 돈이 알아서 들어 올 것이다.

주식투자자들은 '주식으로 1억 원을 모으겠다'는 목표를 가장 많이 세우고, 부동산투자자들 역시 '프리미엄 1억 한번 남겨보자'는 말을 입버릇처럼 한다. 이렇게, 재테크를 시작하는 대부분의 사람은 '억'이란 단위에 집착한다.

'억! 억!'하는 소리는 최근 시사경제 뉴스뿐만 아니라 연예뉴스에서도 많이 들린다. 'A 씨가 정치 자금으로 몇억 원을 받았다더라, B 씨가 CF 한 편으로 몇억 원을 벌었다더라, C 씨의 회당 출연료가 몇천만 원이라더라, 드라마 한편으로 몇억 원의 수익이 났다더라. D 씨는 부동산투자를 잘해서

몇억 원이 올랐다더라'하는 이야기 말이다. 하도 이런 이야기를 많이 듣다 보니 이제 뉴스에서 '몇억 원'에 관한 이야기를 들어도 별 감흥이 없지 않은가? 그러나 일반 서민 중에 통장에 1억 원이라는 잔고를 가지고 있는 사람이 몇이나 있을까? 모두가 가지고 있는 액수는 아닐 것이다.

그러면 이쯤에서 짚고 넘어갈 것이 있다. 정말 '1억 원'이 어떤 상징적 의미를 지니는 데에는 이유가 있을까? 나도 재테크 시장에 처음 들어와서 저런 말을 들을 때는 공감을 잘하지 못했다. 워낙에 남들이 하는 고지식한 말이나 틀에 박힌 소리를 그리 좋아하지 않기 때문이다. 그러나 직접 경험을 해보니 투자의 공식처럼 내려오는 말에는 다 이유가 있다는 것을 배웠다. 아니 오히려 '틀린 말이 없다!'는 생각이 들 정도다.

그렇다면, '재테크를 함에 있어 1억 원을 모아야 한다!'는 것은 어떤 의미일까? (의미 전달의 편의를 위해 돈의 단위인 '원'을 빼고 말하겠다.)

1 1억을 모았다는 것은 '할 수 있다'는 자신감을 준다. 누구나 쉽게 1억을 모을 수 있는 것은 아니기에, 이 경험은 특별한 의미를 가지며, 이에 따른 성취감 또한 크다.

2 1억이 있으면, 1억이라는 추가 대출을 할 수가 있다. 물론, 현금 1억이 있다고 은행에서 1억을 빌릴 수 있는 것은 아니다. 앞서 말한 것처럼 1억이 있으면 3억짜리 집값의 30%가 마련된 것이고, 남은 70%는 대출을 통해 마련해 집을 살 수 있다.

3 조금 더 발품을 판다면 서울에서 4~5억 하는 소형 아파트도 1억 정도의 금액이 있다면 전세를 끼고 아파트 매매를 할 수 있을 것이다.

이것이 내가 말하는 재테크를 함에 있어 1억을 모아야 하는 의미이다. 물론 1억이 없이도 재테크를 시작할 수는 있겠지만, '1억은 여러분이 안정감과 부담감을 가지고 투자에 적극적으로 임하게 할 것'이고, '1억을 모으는 과정에서의 고생은 재테크에 있어서 그 무엇보다 알찬 밑거름이 될 것'이라고 확신한다.

05

기초 자금 조달 방법

급여
4개의 통장을 활용하여 관리하라

많은 사람이 급여를 하나의 통장으로 관리한다. 어차피 월급은 스치듯 지나가는 안녕이고, 나가는 돈은 뻔하고, 통장이 여러 개면 관리가 어려워서 그냥 그렇게 한다. 하지만 이것은 '소득 관리 안 된다!'이다. 왜냐면 이렇게 하면 수입과 지출을 제대로 파악할 수가 없기 때문이다.

　그럼, 피 같은 내 급여를 잘 관리하는 방법은 무엇일까?
　바로 4개의 통장을 활용하는 것이다. 기존에 급여통장 하나로 관리하던 소득을 4개의 통장, 즉 급여통장, 소비통장, 적금통장, 비상금통장에 나누어 관리하라는 것이다. 이렇게 하면, 돈의 흐름을 쉽게 파악할 수 있다.

1 급여통장

만약 급여통장을 단순히 급여가 들어오는 계좌쯤으로 알고 있다면 당장 주거래 은행으로 가서 혜택 많은 통장을 급여통장으로 지정하라. 지정된 급여통장은 여러분이 월수입을 정확히 파악하고 지출계획을 세부적으로 세워 불필요하게 새는 돈을 막게 해줄 것이다. 그뿐만 아니라 이체수수료 면제, 우대금리 등 다양한 혜택을 줄 것이다(은행마다 혜택의 차이는 있을 수 있다).

2 소비통장

과소비를 줄이고 싶다면, 계획도 없이 무작정 소비를 줄이지 마라. 이건 얼마 못 간다. 대신에 당장 소비통장을 만들어라. 소비통장을 한두 달만 사용해보면 자신의 소비패턴이 보이고, 그다음 달부터는 계획적인 소비 습관을 만들 수 있다. 또한, 합리적인 소비를 위해 소비통장과 연결된 체크카드를 사용하거나 미리 월 지출액을 계산해놓았다가 현금을 사용하는 습관을 길러라.

3 적금통장

도대체 저금리 시대에 적금통장은 왜 만들어야 할까? 대답은 간단하다. 저축하는 습관을 길러주기 위해서다. 매달 꼬박꼬박 들어가는 적금은 저축하는 습관을 길러주고, 만기가 된 적금을 찾을 때의 기쁨은 경험해 본 사람만이 알 수 있다. 그 뿌듯함을 느껴보길 바란다. 돈의 여유가 없다면, 우선 청약통장에 적금 형식으로 매달 소정의 금액이라도 자동이체를 해놓아라.

4 비상금통장

갑작스럽게 돈이 필요한 상황에 대비하여 월마다 모든 돈을 적금통장에 저축하지 말고 일부는 비상금통장에 넣어둔다. 상여금, 성과금 등 고정적이지 않은 수입도 비상금통장에서 관리한다. 나는 비상금통장으로 CMA 통장을 이용하고 있다. CMA통장은 하루만 돈을 넣어놓아도 이자가 발생하고, 일반 통장들보다 높은 이율을 제공해준다. 무엇보다 입출금이 자유로워 비고정적인 수입을 관리하기에는 안성맞춤이다.

예금, 금리 비교는 철저히
자금 운용은 짧게 하라

적금을 통해 만들어진 목돈은 예금통장에 넣어 둔다. 이때 중요한 것은 예금금리를 꼼꼼히 따져보아야 한다는 것이다. '모네타'(www.moneta.co.kr)라는 사이트를 이용하면 전국은행의 예금금리를 한눈에 비교할 수 있다. 그리고 조금만 관심을 가지고 찾아보면 한 번씩 은행별로 나오는 정기예금 특판 상품을 잘 활용하는 것도 도움이 된다.

정기예금으로 금리 인상 혜택을 누리고 싶다면, 자금을 짧게 운용하는 것이 좋다. 나는 3~6개월 정도로 만기가 짧은 상품으로 돈을 굴리다가, 금리가 충분히 오르면 만기 1~3년의 긴 상품으로 갈아탄다. 요즘 같은 저금리 시대에 정기예금만으로 재테크 자금(1억 원)을 만들기는 무척이나 힘들다. 그래서 본인에게 맞는 다양한 투자 방법들을 찾아보아야 한다.

대출, 필요할 순간이 오면
적절하게 활용하자

주변에 대출을 받을 수 있는 능력도 충분하고, 설사 잘못되더라도 감당할 만한 능력이 있어도 절대 대출은 받지 않겠다는 사람들이 있다. 이들이 잘못되었다는 것은 아니다. 사람마다 성향이 다르다. 하지만 여러분이 만약 빚이 무서워 투자를 기피하게 된다면, 그 분야에서는 공부가 덜되어 자신이 없어서 그런 것이라고 해두자. 안전한 여유 자금으로만 투자하는 것이 베스트이겠지만, 투자에서 피치 못할 상황이나 기회가 왔을 때는 대출을 받는 것도 반드시 필요한 과정이라 생각한다. 통장에 10억 원이 있지 않은 한 10억 원을 벌기 힘들기에, 어느 정도의 위험 부담은 가지고 가야 한다고 생각하기 때문이다.

그러면 이쯤에서 대출의 기본적인 과정과 종류에 대해 잠깐 설명하도록 하겠다. 적절한 사용이 매우 중요하기 때문이다. 특히 저자가 직접 받아본 대출만 알아볼 것이며, 그 가운데 일반적인 제1금융권의 평범한 대출만 알아볼 것이다.

1 신용대출

개인의 신용으로 받을 수 있는 대출이다. 담보가 없을 때 은행에서 개인의 신용도, 직업, 소득 등을 파악하여 그 신용을 믿고 내어 주는 금액이다. 담보 잡는 게 없으니 일반적으로 담보대출보다는 금리가 높고, 한도가 낮다. 보통 직장인인 경우에 본인의 1년 연봉에서 플러스마이너스(±) 되어 한도가 책정된다.

신용대출에는 개인신용대출과 마이너스통장이 포함된다.

① 개인신용대출

대표적으로 은행에서 계약서 작성 후 일정 금액을 빌리는 대출 방법이다. 계약기간이 있으며, 해당 계약기간 동안 나눠서 내는 방식, 한 번에 상환하는 방식 등이 있다.

② 마이너스통장

한도만 정해두고 본인이 필요한 만큼만 꺼내 쓰는 방식이다. 필요한 만큼 쓰고 쓴 금액에 대해서만 이자를 지급하면 된다. 한도 초과 시 꽤 높은 이자가 발생한다. 이자가 마이너스통장에서 쓰고 있는 금액에 더해서(+) 정산되므로 나처럼 이자에 무딘 사람은 특별히 신경 쓸 일이 없어 좋다. 단, 한도로 잡은 금액이 본인의 신용대출 총액으로 잡힌다.

경험에 의한 팁을 조금 더 보태자면,

신용대출과 마이너스통장은 총대출 한도가 자신의 신용과 합산되어 계산된다. 예를 들어, 연봉이 5,000만 원이고, 신용대출이 2,000만 원이 있는 상태에서 마이너스통장을 개설할 예정이라면 3,000만 원에서 우대 혜택에 따라 플러스마이너스(±) 됨을 생각해야 한다.

아파트 분양권 중도금대출(집단대출)이 신용대출로 잡히는 경우가 있었다. 아파트 분양권은 주로 한국주택공사에서 보증을 서는 방식인데, 내 담보가 아니라서 그런 건지 실제 없는 물건을 담보로 잡아서 그런 건지 일반담보대출은 아니더라.

마이너스통장은 사용하지 않으면 이자가 없으니, 본인이 마이너스통장이 있더라도 무리해서 사용하지 않고 꼭 필요할 때만 사용하겠다는 굳은 의지만 있다면 미리 개설해두는 것을 추천한다.

나이가 30대가 되니, 급하게 돈을 사용해야 할 때가 한 번씩 있더라. 부모님 병원비, 자동차 구입(리스 상품을 알아보았다면, 알겠지만 거의 사채 수준이다), 이사 비용 등. 이럴 때 미리 개설해 둔 마이너스통장이 도움을 줄 것이다.

2 담보대출

주택담보대출은 주택을 물적담보로 하는 대출을 말한다. 이것은 모기지(부동산을 담보로 하는 저당 금융제도)의 하나로 금융기관에 따라 다양한 상품이 있다.

경험에 의한 팁이다. 담보대출은 굉장히 활용도와 가치가 높은 대출이다. 사회 초년생이 집을 구매할 때 보통 담보대출이라는 것을 처음 경험해 볼 것이다. 보금자리론이라는 대출 상품을 잘 활용하면 굉장히 낮은 이율로 주택 매입 용도로 대출을 받을 수 있다. 대부분 억대 연봉의 수익자가 아니라면 해당 상품을 활용할 수 있을 것이다.

서민을 위한 생애최초주택마련 자금도 있는데, 이는 소득과 많이 연관되어 있다. 요즘 대부분 맞벌이를 하고 있기 때문에 결혼하면서 집을 매매할 예정이라면 잘 따져보고 미리 대출받는 방법으로 잘 생각해 보도록 하자.

소득이 초과 된다고 방법이 없는 것도 아니다. 적격대출이라고, 생애최초주택마련 방법도 있다. 본인은 해당 방법을 통해 첫 아파트를 구매하였으며, 현재도 2.5%의 낮은 금리로 이용 중이며, 연말 정산 혜택까지 고려한다면 1%대의 낮은 금리로 꽤 큰돈을 사용 중이다.

조건이 보금자리론보다는 까다롭겠지만, 맞벌이 부부도 충분히 조건에 부합되며, 조건이 나쁘지 않으므로 재테크에 관심 있는 사람이다. 내 집 마련이 꿈인 사람이라면 반드시 알아보고 이용하기를 추천한다.

2015년 2억 6천만 원짜리 오산의 아파트를 매수하면서 1억 5천만 원을 대출받았다. 그때만 해도 한도의 70%까지 주택담보대출을 받을 수 있었고, 한도의 55% 정도 받은 셈이다. 2015년부터 2017년 초까지는 금리가 내려가는 상황이었고, 재테크에 관심을 가지며 마이너스통장을 쓰던 상황이라, 2016년 말 신한은행에서 SC제일은행으로 중도상환수수료(잔금의 1.2%)를 지불하고, 0.5%가량의 이자를 더 낮추기 위해 주택담보대출을 1억 8천7백만 원(최대한도)까지 받았다. 이로써 마이너스통장의 대출을 갚았고, 전체 사용 중인 대출의 이율을 최소화하였다. 현재는 신 LTV와 신 DTI의 적용(2017. 8. 2 부동산 대책 중 하나)으로 서울을 포함한 조정지역 내의 집을 구매할 경우 적격대출로 집값의 50%(신 LTV 60%, 신 DTI 50%)까지 대출이 가능하다.

만약 지금 여러분이 대출을 쓰고 있다면, 대출의 대부분이 변동금리이고, 이는 COFIX + x% 의 이율이 정해지므로 COFIX에 관해 관심을 가져야 한다. 또한, 한국은행 금리 발표와 미국의 금리 발표에도 신경을 써야 할 필요가 있다. 보통 금리에 따라 0.5% 이상의 차이가 나면 중도상환수수료를 지급하더라도 1년 내외로 해당 부분이 감가되기 때문에 주기적으로 모니터링하는 습관이 중요하다.

06

왜 재테크를 위해서 직장이 있어야 하나

대한민국 은행에서 우대받는
직장인 레버리지 활용

대한민국 은행에서 가장 우대받는 사람은 누구일까?

정답은 안정적인 급여가 들어오는 사람이다. 여러분이나 나 같은 평범한 직장인들이다. 은행에서는, 지금 사업을 하거나 연예인처럼 당장 돈이 많은 사람보다는 대출기간 동안 미래에 리스크가 가장 적은 급여생활자를 가장 좋아한다. 그래서 직장인들은 좋은 조건에 대출을 받을 수 있다. 회사를 그만두고 사업을 하면 대출도 문제지만, 매매 시 매도인·매수인이 직업을 물어봤을 때 굉장히 의심하게 되는 경우가 많아서 계약이 지지부진해지거나 파기되는 경우도 있다.

그런데 나이가 어리더라도 직장 소속이 적힌 명함을 제시하면 어느 정도 이해해주는 경우가 많다. 이는 국내 부동산 대부분을 50~60대 이상이 보유하고 있기 때문에 생긴 선입견 때문이라고 생각되지만, 이를 역이용할 수도 있다.

만약, 여러분이 무직 상태의 20~30대라면 지금 당장 부동산을 알아보는 것 보다는 작은 회사라도 취업을 하고 그다음에 레버리지(Leverage. 빚을 지렛대로 투자 수익률을 극대화하는 것으로, 낮은 비용[금리]으로 자금을 끌어와 수익성 높은 곳에 투자해서 수익을 남기는 것이다)를 갖추고 알아보는 게 더욱 좋겠다.

피해 보지 않는 투자 노하우

1 주의! 값이 싼 것은 이유가 있는 법이다.

여러분은 부동산투자를 할 때, 어떤 점을 가장 중요하게 생각하는가? 만약 가격이라고 대답한다면 혹은 '싼 게 비지떡이다'는 생각을 가진다면 이것은 완전히 잘못된 생각이다. 부동산투자를 함에 있어 가장 중요한 것은 가격이 아니라 미래가치다. 값싼 부동산은 입지도 좋지 않고, 공급에 비해 수요도 부족하며, 그래서 거래가 잘 안 일어나는 물건일 뿐이다. 무조건 값싼 부동산을 찾는 것이 아니라, 남들보다 더 많은 손품과 발품을 팔아 저평가된 부동산을 찾아내어 투자하는 것이 중요하다.

2 단기 등락에 일희일비는 NO! 순간순간 분위기 따라 이동하면 망한다.

매일의 시황에 일희일비하게 되면 심리적으로 견딜 수 없게 되며, 그러면 될 것도 안된다. 장기적으로 큰 그림으로 보고 3~5년 정도 보면서 움직여야 한다.

3 새로운 투자 상품이나 자산에 대해 열린 마음으로 수용하라.

바야흐로 제4차 산업혁명시대가 오고 있다. 아직 그 누구도 제4차 산업혁명이 무엇인지 명확하게 알지 못한다. 다만, 엄청난 변화가 있을 것이고 그건 재테크 분야도 예외는 아닐 것이다. 기존의 재테크 수단과는 비교도 되지 않는 획기적인 투자 상품들이 쏟아져 나올 것이다. 비트코인은 그 시작에 불과하다. 엄청난 변화의 시대를 살아가면서, 투자에 대해, 자산에 대해 열린 마음으로 수용하지 않는다면, 단언컨대 여러분은 재테크로 큰 수익을 낼 수 없을 것이다.

제 2 장 암호화폐투자

암호화폐에서의 트레이딩은 주식과 비슷한 부분이 상당히 많다. 크게 봤을 때는 부동산을 포함한 모든 재테크와 공통점이 있기 때문에 재테크에 적용되는 일반적인 공식들이 암호화폐 트레이딩에서도 대부분 적용된다. 그중 여러분이 꼭 잊지 말아야 할 공식은 '무릎에서 사서 어깨에 팔아라', '공포에 사고 뉴스에 팔라'는 것이다.

왜 암호화폐가 먼저인가

시작하기에 앞서

2017년 말부터 2018년 초까지 암호화폐 논란이 정점을 찍었다. '점심시간에 판교에 있는 카페에 갔더니 모든 직장인이 테이블에서 "비트코인" 이야기를 하더라'는 말이 우스갯소리로 전해질 정도였다. '너 비트코인 샀니?'라는 말이 인사말처럼 오가기도 했다. '가상화폐 투기 광풍'(狂風), 혹은 '제2의 튤립버블'이라는 거센 비판도 연일 보도됐다. 상황이 이렇게 되니 정부에서도 투자 실명제와 거래소 관리강화를 하며 규제를 시작했다. 이 모든 것을 지켜보면서 나도 많은 시간을 고민했다. '이 부분의 글을 삭제해 버릴까?'라는 생각에서였다. 암호화폐에 대한 말을 꺼내는 순간 또다시 논란의 불씨를 만드는 것 같았다.

그런 고민에도 불구하고, 암호화폐 내용을 다뤄야겠다고 생각한 것은 크게 세 가지 이유에 있다. 먼저 암호화폐에 사용된 블록체인 기술 때문이다. 이 기술은 앞으로도 활용가치가 높고 계속 다양한 분야에 접목될 것이다. 그러므로 초기 암호화폐 채굴과 투자에 대해 경험한 바를 기록하는 일이 무의미하지 않다고 생각했다. 두 번째는 보안에 취약하고, 개인 정보를 중앙은행에서 관리하는 기존의 방식과 비교해서 블록체인 기술을 사용하는 암호화폐가 가지는 장점을 이야기하고 싶었다. 세 번째는 초보자들이 리딩, 단타방, 펌핌방 등에서 잘못된 선택을 하지 않도록 조언을 해주고 싶었다. 코인투자 초보자들은 용어가 어렵다 보니 사기성이 있는 곳에 의존하는 실수를 하기 때문이다.

이번 장은 여러분에게 투자 권유만을 목적으로 하는 장이 아니다. 채굴부터 시작해서 내가 파악해온 암호화폐시장에 대한 경험을 토대로 한 기록으로 이해해주면 좋겠다. 신기술이 개발되면서 암호화폐뿐 아니라 새로운 투자 영역들이 만들어지고 있다. 그러므로 나의 세세한 기록과 지식이 누군가에게는 참고할만한 괜찮은 것이 될 것이다. 이런 흐름에서 조심스럽게 이야기를 시작해보려 한다.

가상화폐가 아닌
암호화폐로 부르는 이유

'방송에서는 가상화폐라고 하던데, 왜 이 책에서는 계속 암호화폐라고 하지?'라며 의문을 가진 사람들이 있을지도 모르겠다. 이것은 꽤 중요한 문제이다. 어떤 현상이나 존재의 가치는 그것을 어떻게 이름 짓느냐에 따라

달라지기 때문이다. '가상화폐'(Virtual Currency)라는 말은 '실물이 없고, 가상에서만 통용되는 화폐'라는 의미에서 주로 사용되는 말이다. 반대로, 암호화폐 찬성론자들은 이것을 암호화폐라고 부른다. '암호화폐'(Cryptocurrency)는 '암호를 사용하여 새로운 코인을 생성하거나 거래를 안전하게 진행할 수 있도록 매개하는 화폐'라는 의미이기 때문이다. 그런 의미에서 가상화폐가 아닌 암호화폐라는 명칭을 사용하겠다.

가상화폐, 신세계인가? 신기루인가?

2018년 1월 17일, 모 방송사에서 '가상화폐, 신세계인가? 신기루인가?'라는 주제로 토론회가 진행되었다. 패널 중에는 유시민 작가도 있었는데, 그는 대표적인 암호화폐 반대론자이다. 그는 이날 방송에서 "비트코인은 블록체인의 일부이며, 응용시스템일 뿐이다. 비트코인은 과학자들의 장난감에 지나지 않는다. 그리고 지금 일어나고 있는 비트코인 투기장은 흡사 튤립버블(17세기에 네덜란드에서 튤립의 판매를 둘러싸고 일어난 투기 현상, 최초의 경제 버블 현상)과 유사하다. 튤립은 알뿌리라도 남았지만, 비트코인은 아무것도 남는 게 없다"며 비트코인을 맹비난하였다. 암호화폐 거래는 투기지만, 그 기반인 블록체인 기술은 장점이 많으므로 블록체인 기술만 적극 발전시켜야 한다고 주장하였다. 유시민 작가뿐 아니라, 암호화폐 반대론자들 대부분은 블록체인 기술만 발전시키는 것이 가능하다고 생각한다. 그러나 비트코인과 블록체인의 관계는 그 반대이다.

비트코인의 창시자인 사토시 나카모토(Satoshi Nakamoto)의 논문 "비트코인 : 개인 대 개인 간 전자화폐 시스템"(사토시 나카모토 "Bitcoin: A Peer-to-Peer Electronic Cash System", 임민철 번역)이라는 논문을 언급하고 싶다.

전자 화폐의 순수한 개인 대 개인 버전은 금융기관을 거치지 않고 한쪽에서 다른 쪽으로 직접 전달되는 온라인 결제(Payments)를 가능케 한다. 전자 서명은 부분적인 솔루션을 제공하지만, 만일 이중 지불(Double-spending)을 막기 위해 여전히 신뢰받는 제3자를 필요로 한다면 그 주된 이점을 잃게 된다. 우리는 개인 대 개인 네트워크를 사용해 이중 지불 문제를 해결하는 솔루션을 제안한다. 이 네트워크는 거래를 해싱해 타임스탬프를 찍어서 해쉬 기반 작업증명(Proof-ofwork)을 연결한 사슬로 만들고, 작업증명을 재수행하지 않고서는 변경할 수 없는 기록을 생성한다.

가장 긴 사슬은 목격된 사건의 순서를 증명할 뿐 아니라, 그것이 가장 광대한 CPU 파워 풀에서 비롯했음을 증명하기도 한다. CPU 파워 과반을 통제하는 노드가 네트워크를 공격하기 위해 협력하지 않는 한, 이들은 가장 긴 사슬을 만들어내며 공격자를 압도한다. 이 네트워크 스스로는 최소한의 구조만을 요구한다. 메시지는 최선의 노력을 다해 퍼져나가고, 노드는 의사에 따라 네트워크를 떠나거나 최장의 작업증명 사슬을 그들이 없는 사이에 벌어진 일의 증거로 채택해 재합류할 수 있다.

위의 논문 초록에 대해 여러 가지 해석이 가능하겠지만, 이것은 블록체인이 비트코인의 목적을 돕는 방법일 뿐이지 블록체인이 비트코인을 포함하고 있는 것처럼은 보이지 않는다. 오히려 비트코인은 현금의 단점을 보완하기 위해서라는 분명한 목적으로 설계된 것이며, 그것을 유지하는 방법으로 블록체인을 택한 것이라고 말할 수 있다.

암호화폐를 이해하려면, 그 기반 기술인 블록체인에 대한 이해가 필요하기 때문에 블록체인에 대해서 조금 설명하겠다. 블록체인은 크게 '퍼

블릭 블록체인'(Public Blockchain)과 '프라이빗 블록체인'(Private Blockchain)으로 나누어진다. 퍼블릭 블록체인은 불특정 다수가 채굴(Mining)이라는 과정을 통해 블록을 발견하며 체인을 유지하는 것이고, 프라이빗 블록체인은 개방되지 않은 블록체인을 말하는 것이다. 나는 이 둘 중에서 퍼블릭 블록체인 방식의 존재 이유와 긍정적인 측면에 동의하고 있다. 그러므로 이 책에서 언급하는 블록체인은 주로 퍼블릭 블록체인에 해당하는 이야기이며 프라이빗 블록체인 개념은 제외한다.

프라이빗 블록체인에 대해 크게 공감하지 못했던 것은 기존의 사용하는 시스템과 다를 게 없다고 판단해서다. 프라이빗 블록체인은 불특정 다수가 아닌 특정인, 특정 서버에서 관리되고 네트워크가 유지되기 때문에 언제든 필요에 의해 수정 가능하고, 정보를 조작할 수 있다. 기존 방식이랑 똑같은데 굳이 블록체인 기술을 사용할 필요가 없지 않을까 생각한다.

반대로 퍼블릭 블록체인은 다수의 사람에 의해 네트워크가 유지되는 방식이다. 이것이 유지되기 위해서는 불특정 다수의 채굴 활동이 있어야 한다. 불특정 다수가 되어야 하는 이유는 간단히 말해서 그래야만 누군가에 의해 데이터 조작이 불가능하기 때문이다.

채굴을 하는 이유

그런데 사람들이 왜 채굴을 할까? 무엇이 사람들로 하여금 채굴 활동을 하게 만드는 것일까? 그것은 바로 적절한 보상(암호화폐)이 있기 때문이다. 보상이 있어야만 채굴자들은 네트워크 유지를 위해 자신들의 컴퓨팅 파워를 기꺼이 제공할 것이다. 종종 "보상이 없어도 네트워크 유지가 가능하다"고 말하는 사람이 있는데, 그들에게 되물어 보고 싶다.

> 아무런 금전적 보상 없이 2억 원을 들여 컴퓨터를 대량 구매하고,
>
> 한 달에 800만 원 이상의 전기세를 내가며
>
> 네트워크를 유지 시켜달라고 한다면, 유지가 가능할까?

블록체인 기술은 애초부터 게임이론을 바탕으로 만들어졌기 때문에, 적절한 보상이 없다면, 사람들은 블록체인 기술을 유지하기 위해서 굳이 채굴하지 않을 것이다.

그렇다면 "보상을 굳이 코인으로 줘야 하는가?"라는 의문을 제기하는 사람들도 있다. 애초부터 블록체인 기술은 암호화폐 거래를 위해 만들어진 기반기술이므로, 암호화폐로 보상을 주는 것이 가장 자연스럽다. 만약 실물화폐로 보상을 준다면, 부자연스럽고 불편해서 블록체인 기술은 결국 와해 될 것이다.

불확실성으로 인해
가능성이 존재하는 암호화폐

2018년 1월, 정부는 암호화폐투자를 투기로 간주하면서 거래소 폐쇄, 실명 거래, 세금부과 등의 대책을 발표했고, 이것은 국가적 쟁점이 되었다. 사실 어느 정도 이해는 된다. 김치 프리미엄(*'김치 프리미엄'이란 한국 시장에서 비트코인 등의 암호화폐가 비싸게 팔리는 현상을 이르는 말이다. 한때는 국내와 외국의 시세

차이가 50% 이상이나 되었다) 사단이 나면서 정부에서도 고강도 규제를 하면서 안정시키고자 했던 부분이 분명 있을 것이다.

하지만 안타까운 부분은 암호화폐를 단순히 투기만으로 이해하기에는 아쉬운 부분이 많다. 정부가 지금 해야 할 일은 암호화폐시장을 투기로만 간주하고 무조건 없애려는 정책이 돼서는 안 된다. 오히려 이 시장이 건강하고, 발전적인 방향으로 성장할 수 있도록 거래 환경을 만들어줘야 한다. 그 과정에서 필요하면, 실명 거래를 할 수도 있을 것이고, 불법거래소 감독과 관리 같은 규제도 할 수 있을 것이다.

정부의 규제가 심하면 이미 체계가 완전히 잡혀있는 투자 시장에서 개미 투자자들은 이익을 얻기가 쉽지 않다. 주식이나 부동산이 그런 예다. 개미는 늘 큰손의 재물이다. 주식이나 부동산시장에서는 큰손들이 고급 정보를 독점하고, 시장을 좌지우지한다. 종종 뉴스에 보도되듯 주가가 조작되기도 하니 개미군단들은 작전에 말리기 십상이다. 개인 한 사람이 아등바등한다고 시장이 바뀌지 않는다.

그러나 개인적인 경험에 비추어봤을 때, 암호화폐는 아직 눈에 보이는 큰손은 없다고 생각한다. 개미투자자인 나에게 이런 새로운 투자 영역은 나름의 기회이자 유리한 시장이었다.

암호화폐가
가치 있는 진짜 이유

앞에서도 말했듯이, 암호화폐는 블록체인 기술을 기반으로 개발되었다.

많은 전문가가 블록체인 기술이 인공지능, 로보틱스 등과 함께 제4차 산업혁명시대를 이끌고 갈 핵심 기술 중 하나라고 생각한다. 미래학자와 기술전문가들이 블록체인에 대해 이러한 큰 기대를 하는 것은 블록체인이 거래의 확실성, 안전성 그리고 이중 거래의 원천 차단을 보장할 수 있는 특성이 있기 때문이다.

그리고 이러한 블록체인 기술의 정점에 있는 암호화폐 역시 많은 장점을 가지고 있다.

첫 번째, 금융의 탈중앙화이다. 암호화폐는 은행을 거치지 않고 개인 간의 직접 거래가 가능하므로 신속한 거래를 할 수 있다.

두 번째, 현금이 가진 여러 단점을 보완할 수 있다. 암호화폐는 발행하는 비용이 들지 않기 때문에 경제적이고, 네트워크형 전자화폐이기 때문에 보유수량에 제한이 없다. 또한, 현금을 집에 보관하려면 커다란 금고와 금고를 보관할 공간이 필요하지만, 암호화폐는 네트워크상에서 거래되기 때문에 컴퓨터 한 대만 있으면 된다.

세 번째, 컴퓨터 세계와 현실 세계를 연결해준다는 점이 가장 큰 가치이다. 시대가 바뀌고 있다. 로봇이 우리의 삶의 곳곳에서 인간을 대체하고 있다. 컴퓨터가 없는 곳이 없다. 아니, 컴퓨터 없이는 세상이 돌아가지 않는다고 해도 과언이 아니다. 다시 말해, 우리는 컴퓨터로 인하여 좀 더 편하고 풍요로운 삶을 살고 있고, 이것은 제4차 산업혁명시대가 와도 마찬가지일 것이다. 아니, 더하면 더할 것이다. 컴퓨터와 함께 살아왔고, 앞으로도 컴퓨터와 함께 살아가야 하므로, 우리는 컴퓨터 세계에 대해 알아야 할 필요가 분명히 있다.

컴퓨터 세계는 한 마디로, '비트'(Bit)의 세계이다. 그럼 비트는 무엇일까? <구글 사전>은 다음과 같이 정의한다.

> 비트(Bit) : 데이터를 나타내는 최소 단위. 모든 데이터는 0과 1의 조합으로 구성되는데, 이 0 또는 1이 하나의 비트가 됨. 1개의 비트는 두 가지 상태를 나타낼 수 있으므로 n개의 비트로는 2^n가지의 상태를 나타낼 수 있음.

쉽게 말하면, 컴퓨터는 연산의 연속이고 0, 1의 조합으로 이루어져 있다는 것이다. 그럼, 0과 1의 비트 세계와 우리가 사는 현실 세계가 조화를 이루려면 어떻게 해야 할까? 무언가 연결고리가 필요할 것이다. 그것이 바로 돈일 것이다.

비트 세계가 돈이 된다고 하면 능력 있는 사람들이 많이 몰려갈 것이다. 그로 인해 그 세계는 더욱 발전할 것이다. 하지만 우리는 만지고 느낄 수 있는 지구라는 현실 세계에 살고 있기 때문에 비트 세계로 물리적으로 이동한다는 것은 불가능하다. 따라서 현실 세계에서 비트 세계를 연결하여 돈을 벌 수 있다면 그 또한 매력적일 것이다.

현실 세계와 비트 세계를 연결하여 돈을 버는 것! 아마도 그것이 제4차 산업혁명시대의 중요한 특징 중 하나일 것이다. 그리고 제4차 산업혁명시대를 예견하는 이 시점에서, 우리에게는 혁신적인 변화가 필요한데, 그 핵심에 블록체인 기술이 있다. 이러한 블록체인 기술을 유지하기 위해서는 현실의 전기와 물리적인 자원(컴퓨터)이 필요하고, 사람들이 이러한 물리적

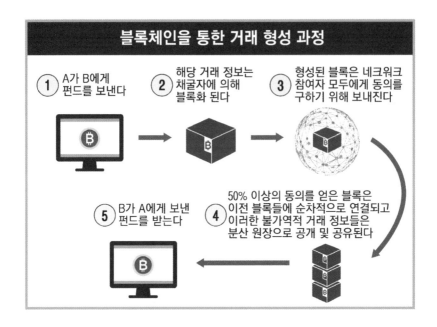

[블록체인, 비트코인을 넘어 세상을 넘본다, LG Business Insight, 2016. 8. 3, 한수연]

위 그림은 LG Business Insight에서 발췌해온 것으로, 블록체인 기술을 통해 거래를 형성하는 과정을 나타낸 것이다.

역사적으로 볼 때 혁명이라 함은 A 시대에서 B 시대로 구분돼서 넘어갈 만큼의 큰 변화를 일으키는 일이다. '세상이 변했다'는 수준의 커다란 일이다. 바로 컴퓨터(비트)와 사람(현실 세계)의 조합이 바로 그러한 혁명을 가져올 만큼의 변화를 일으킬 것 같다고 조심스럽게 예측해본다. 그리고 비트 세계의 정점인 블록체인이 바로 그런 역할을 하고 있다.

채굴을 통해 암호화폐를 이해하다

채굴부터 시작하다

암호화폐를 얻는 방식은 크게 2가지가 있다. 하나는 업비트(UPbit), 빗썸(bithumb) 등의 암호화폐 거래소 가입을 통해 코인을 구매하는 것이고, 두 번째는 직접 채굴(Mining)을 하는 것이다.

암호화폐 거래소를 통한 코인 구매는 어렵지 않다. 자금이 있으면 거래소에 가입하고 코인을 보유할 수 있다. 10~20분 내로 획득이 가능한 셈이다. 반면 직접 채굴은 시간이 들어가고 노력이 필요하다. 채굴은 기술적으로도 어렵고, 기존에는 존재하지 않았던 새로운 과정이므로 이해하기가 쉽지 않기 때문이다.

대부분의 사람은 간단히 거래소를 통해 구매하겠지만, 나는 조금 달랐다. 이더리움을 알게 된 순간 큰 흥미를 느꼈다. 반드시 도전해보고 싶은 마음 깊은 확신이 들었다. 그런데 코인에 대해 잘 모르는 상태에서 코인 보유와 매매를 통해서만 수익을 내려고 하니 무척 불안했다. 전문가가 아니어서 투자만 하고 차익은 올리지 못할까 봐 두려웠다. 그래서 아예 직접 채굴 과정에 뛰어들었다. 지금도 항상 강조하는 것은 암호화폐는 직접 채굴을 하든, 거래소를 이용하든지 '기본 개념'만큼은 충실히 이해하라는 입장이다. 처음 이 작업에 뛰어들었을 때도 기초부터 접근했다. 그래야 사기당하지 않고, 자신을 지킬 수 있다.

독자들에게 채굴이라는 말이 낯설 것이다. 일화가 하나 있다. 암호화폐 관련해 아는 것이 많아지자 주변 친구들도 이런저런 질문을 해왔다.

> 친구 : 암호화폐 샀다가 사기당하고 그럴까 봐 무서워….
> 필자 : 그럼 채굴부터 해봐. 시스템을 이해하면 사기는 안 당하니까.
> 친구 : 채굴? 어디서 뭘 캐는 거야? 뭐로 캐는 건데? 파면 동전이
>   튀어나와?

이 이야기를 하며 둘이서 웃었던 기억이 난다. 채굴이라는 말이 실제로는 무언인가를 캐낸다는 의미로 쓰이는 것은 맞다. 사전적 의미로도 '땅을 파고 땅속에 묻혀 있는 광물 따위를 캐냄'이라는 뜻이다.

온라인 검색창에 암호화폐에 대한 '채굴'을 검색하면 설명이 꽤 어렵게 나온다. 어려운 수학식을 푼다든가, 암호를 해독해서 풀면 나오는 보상이라고 설명하는 곳도 있을 것이다. 여러분 중에도 어떤 분들은 '컴퓨터로 도대체 무엇을 캔다는 말이지?', '비트코인을 도대체 어떻게 캔다는 거지?'라고 궁금해할 것이다.

채굴에 대해 내 방식대로 한번 설명해보겠다.

비트코인은 블록체인 기술을 활용한 코인이며, 블록체인은 기존 블록에서 다음 블록으로 계속 넘어가야 체인이 유지되는데, 다음 블록을 찾는 과정이 채굴이다. 블록체인 네트워크를 유지해주는 대가로 받는 보상이 코인이다.

이러한 채굴이 중요한 것은 네트워크를 유지하기 위해서 반드시 필요하고 없어서는 안 될 과정이다.

채굴의 방식에는 크게 2가지가 있다.

PoW는 작업증명 방식	PoS는 지분증명 방식
"Proof of Work"의 약자	"Proof of Stake"의 약자
'일한 만큼 보상받는다'고 생각하면 된다. 컴퓨터 연산으로 네트워크를 유지해 주며 대가로 코인을 얻는 것이다. 더 좋은 컴퓨터, 더 많은 채굴 컴퓨터로 네트워크 유지에 도움을 주면 줄수록 보상도 커지는 형식이다.	'가지고 있는 만큼 보상받는다'고 생각하면 된다. 암호화폐를 보유하고만 있어도 보유한 지분에 대한 이자의 개념으로 보상이 지급되는 방식이다. 많은 보상을 받기 위해서는 많은 코인을 보유하고 있어야 한다.
대표적인 코인으로 비트코인, 이더리움 등이 있다.	대표적인 코인으로 퀀텀이 있다.

이 두 가지 방법에 대해 더 쉽게 말해보자면, PoW는 수많은 컴퓨터(CPU, GPU)와 전기를 이용하여 네트워크를 형성하고 유지하는 방식이며, PoS는

지갑에 코인을 보유하여 1대의 컴퓨터를 인터넷에 연결만 해두어 네트워크를 유지하는 채굴 방식이다.

두 가지 방법의 장단점에 대해서도 간단하게만 알아보도록 하자.

종류	장점	단점
PoW	1. 블록체인에 대한 기여도만큼 보상을 받는 공정한 시스템 2. 불특정 다수에 의한 네트워크 형성으로 해킹 불가능 3. 기득권의 독점 불가	1. 높은 유지비용(컴퓨터, 전기) 2. 독점은 불가하지만, 높은 네트워크 유지 능력을 갖춘 사람의 컨트롤 가능성 있음
PoS	1. 적은 유지비용 　(컴퓨터, 전기 사용량 적음) 2. 네트워크 유지 능력으로 인한 컨트롤 가능성 없음	1. 마스터 노드를 구현하기 위한 큰 자본 필요(코인의 특징마다 다르지만 대부분 코인이 마스터 노드를 구현하기 위해서는 직장인 1년 연봉을 투자해야 함)

좀 더 상세히 알아보고 싶다면, 직접 두 가지 방법의 채굴을 더 조사해 보길 바란다.

채굴 과정에서 배운 점

2017년 11월, SBS를 비롯한 대부분 뉴스에서는 한 암호화폐 거래소의 서버 다운과 이에 따른 사람들의 피해에 대해 보도하였다. 당시 세계 1위 거래소라고 홍보하고 있는 국내거래소였기에 충격은 더 컸고, 이는 실로 역사적인 사건이었다. 당시 개당 40만 원이던 비트코인캐쉬(BCH)가 280만 원까지 폭등하는 일이 발생한 것이다.

그런데 280만 원까지 올라간 순간 해당 거래소 서버는 마비되었고, 약 1시간 30분 뒤에야 복구되었다. 문제는, 복구 후에 190만 원으로 가격이 내려감과 동시에 기존에 주문해 두었던 주문 내용까지 모두 삭제되는 사태가 발생한 것이다. 이 때문에, 투자자들은 적게는 몇십만 원에서부터 많게는 몇억 원까지 피해를 보게 되었다. 당연히 고객 항의가 빗발쳤고, 집단소송까지 이어졌다.

당시 법적 제재나 보호망이 없는 생태계에서 투자 중인 투자자를 보호하지 못하고 서버 마비를 초래한 거래소의 운영방식은 분명 잘못되었다. 그러나 만약 채굴의 개념과 채산성의 중요성을 알고 있었다면 어느 정도 피해를 방지할 수 있었을 것이라 생각한다.

그럼, 지금부터 채산성의 중요성을 통해 이날의 사건이 일어난 이유를 설명해보겠다. 암호화폐 거래를 하고, 암호화폐에 대해 관심이 있다면 '우지한'(JihanWu)이란 이름을 한 번쯤 들어봤을 것이다. 간단히 소개하자면, 비트코인캐쉬의 수장이며 중국 최대 채굴 업체 '비트메인'(Bitmain)의 대표이다. 그는 현재 블록체인에 가장 대중적으로 사용되고 있는 비트코인(Bitcoin)계의 대표 인물로 손꼽히고 있다. 기존 비트코인의 전송 속도와 블록 크기의 부족함을 알고 업데이트를 하려 할 때 우지한은 반대를 하였다. 이유는 본인이 개발하여 사용하고 있던 채굴기가 사용하던 알고리즘에서는 평범한 채굴 방식보다 약 30% 정도 채산성이 좋은 기술을 적용하여 채굴할 수 있었으나, 업데이트(Fork) 이후에는 해당 방식을 사용하지 못하여 본인에게 돌아오는 손해가 컸기 때문이다.

그리하여 우지한은 비트코인캐쉬(BCH)라는 코인을 직접 만들어 독립(Hard Fork)하였고, 비트코인캐쉬를 본격적으로 키우기 위해 비트코인(BTC)에 작정하고 덤벼들었다. 우지한이 비트코인캐쉬를 키우기 위해 사용한 방법은 비트코인캐쉬 사용자들의 채산성을 높이는 것이었다. 그는 비트코인캐쉬의 난도를 낮추고 채산성을 올려 비트코인캐쉬에게 해쉬(컴퓨팅 파워)를 몰리게 하였다. 이처럼, 비트코인캐쉬의 채산성이 높아지게 되자, 동시에 비트코인에 할당되어 있던 해쉬들이 비트코인캐쉬로 옮겨지게 되었다. 결국, 비트코인은 블록 발견 확률이 낮아짐과 동시에 송금을 진행했던 거래건들이 100만 건 이상 쌓이게 되는 결과를 초래했다(이는 비트코인과 비트코인캐쉬가 같은 채굴 알고리즘을 사용하였기에 가능했다).

채산성을 높이는 방법에는 코인의 시장가격을 높이는 방법과 난도를 하향시켜 채굴되는 양을 높이는 방법이 있는데, 우지한은 후자의 방법을 잘 이용하여 비트코인캐쉬를 키운 것이다. 이 과정은 실로 전쟁이었다. 많은 사람은 단지 모 거래소의 서버 탓을 하고 있었지만, 당시 비트코인이 비트코인캐쉬에 의해 네트워크가 무너지고 폭삭 망하는 경우가 발생할 수도 있는 절체절명의 상황이었다. 문제는 이런 사건은 언제든 일어날 수 있기에 단지 비트코인과 비트코인캐쉬의 문제만은 아니라는 것이다. 비트코인과 비트코인캐시뿐만 아니라 동일 알고리즘 또는 동일 채굴기를 사용하는 다른 코인들에도 비슷한 현상은 나타날 수 있다.

GPU 채굴방식인 이더리움(ETH, Ethereum,)과 제트캐시(Zcash, ZEC)를 예로 들어보자. 물론 이 두 가지 코인의 알고리즘에는 차이가 있으나 큰 틀에서 보면 동일한 GPU 채굴 방식이다. 이더러움은 Ethash(CPU 채굴 방식, 그래픽카드의 메모리 클럭에 연산 속도가 많은 영향을 끼침) 방식이고, 제트 캐시는 Equihash(CPU 채굴 방식, 코어 클럭에 연산속도가 많은 영향을 끼침) 방식이다. 어느 날 갑자기 이더리움의 채산성이 제트캐시에 비해 100% 높아지면 어떤 일이 벌어질까? 아마도, 제트 캐시를 채굴하던 사람들은 자신의 세팅을 모두 이더리움으로 변경하여 이더리움을 채굴할 것이다. 이렇게 사람들이 일제히 세팅을 바꾸면 단지 해쉬파워가 적어지는 게 문제가 아니라 블록체인을 유지하기 위해서는 다음 블록을 발견해줄 사람이 필요한데 그럴 사람이 없어 블록 발견이 힘들어지게 된다.

그리고 블록 발견이 안 된다는 것은 블록체인의 네트워크가 무너지게 되는 것이기 때문에 제트캐시는 망하게 된다는 것이다. 물론, 귀찮아서 한 가지만 캐는 경우도 있을 것이고, 결국은 채산성이 맞춰질 걸 아는 사람들에 의해 난도가 낮아지면, 그냥 제트캐시를 채굴하는 경우도 있어 위에 든

예 같은 경우는 없을 거로 생각한다(현재 비트코인시장에서 채산성의 중요성을 설명하기 위해 조금 극단적인 예를 들어보았다).

앞선 예들에서 본 것처럼, 암호화폐시장에서 채산성은 매우 중요하다. 왜냐하면, 비트코인, 이더리움 등의 코인을 가지고자 하는 수요는 폭발적으로 늘어나는 반면, 채굴되는 양은 일정한데 그래픽카드를 비롯하여 컴퓨터 부품은 직접 공장에서 만드는 것이라 공급에 한계가 있기 때문이다. 나는 이러한 채산성의 중요성을 채굴과정을 직접 해봄으로써 깨닫게 되었고, 이 시장의 현실도 알게 되었다.

채굴이라는 말처럼 무엇을 캐는 것이 아니라, 이것은 '네트워크를 유지해주는 사람들이 받는 대가'의 의미이다. 그래서 누군가 이 시스템을 알고 싶다면 직접 채굴을 해보는 것도 나쁘지 않다고 생각한다. 채굴에 직접 관여하면, 블록체인에 대한 이해가 정확하고 빠르게 되며, 자연스럽게 이 시장의 생태계를 제대로 파악하게 할 수도 있게 된다.

채굴, 지금이라도 가능할까?

채굴 자체는 비교적 간단하다. 수익성이나 사업성을 논하기 때문에 복잡한 것이지, 그냥 한번 시도해 보기에는 이만큼 간단한 것이 없다. 그러나 비트코인과 이더리움을 예로 들면, 지금 개발된 슈퍼컴퓨터로도 아마 채굴이 불가능할 것이다. 이제 한 개인이 개인의 컴퓨터를 활용하여 스스로 블록을 찾는다는 건 거의 불가능한 수준이 되었다.

요즘은 이러한 점을 극복하기 위해 풀(Pool)이란 개념의 공동 채굴 방식이 생겨났다. 이것은 수만 대의 컴퓨터가 붙어서 동시에 블록을 발견하고 개인은 이 풀에 제공한 기여도만큼 정확히 배분받는 방식으로 진행된다. 즉, 슈퍼컴퓨터가 필요 없는 것이다. 풀을 이용해 채굴하기 위해서는 개개인의 컴퓨터에 그래픽카드 한 장씩만 있으면 된다. 설령 그래픽카드가 없다고 해도 괜찮다. CPU 채굴 방식인 코인들도 많이 있고, 더 나아가면 풀 없이 평범한 개인 컴퓨터 능력으로도 블록을 발견하고 채굴을 시도할 수 있는 코인들도 많기 때문이다(2018년 1월 기준, 약 1,400개의 알트코인이 존재한다). 원한다면 이더리움도 충분히 채굴이 가능하겠지만, 지금은 수익성이 거의 없어 추천하지는 않는다.

[나의 일체형 PC에 내장된 그래픽카드 한 개에서의 채굴 기여도]

위의 그림은 본인의 일체형 PC에서 내장된 그래픽카드 1장에서 채굴을 실행한 모습이다. 약 14.5Mh/s의 기여도를 보여주고 있는 모습이다. 뒤에서, 실제 평범한 컴퓨터에서도 채굴을 체험하는 방법에 관해 설명해 보겠다.

실패하지 않는 채굴 방법

채굴의 방식에 관한 대표적인 세 가지는 다음과 같다.

1 본인이 직접 채굴기 조립 또는 구매하여 가정 또는 작업장(공장)에서 직접 채굴(Mining)

2 본인이 직접 채굴기 조립 또는 구매하여 관리 위탁 업체에 위탁하여 채굴(Mining)

3 해쉬를 구매하여 해쉬에 따른 보상을 받는 클라우드 마이닝(Cloud Mining)

현재 채굴과 관련해 가장 큰 문제는 사기이다. 채굴에 참여하려는 사람들이 대부분 초보자이기에 해당 내용을 잘 모르는 사람들이 많아 사기를 당하곤 한다. 적어도 이 책을 읽고 있는 여러분만큼은 이런 사기의 피해자가 되지 않기를 바라는 마음에서 잠시 채굴 사기의 종류에 대해서 살펴보겠다.

대표적인 채굴 사기 종류

1 해쉬(Hash) 판매를 가장한 가짜 채굴

해쉬를 구매하게 되면 일정 기간은 실제 계약된 해쉬만큼의 코인 보상이 돌아온다. 단, 이 코인이 실제로 채굴을 통해 들어오는 보상인지, 시장에서 구매되어 조금씩 나누어 받고 있는지는 알 수가 없으므로 잘 판단하자. 실제 채굴을 통해 들어오는 보상이라면 문제가 없겠지만, 시장에서 구매되어 나누어 받고 있는 보상이라면 사기로 볼 수 있다.

2 채굴기 위탁을 가장한 가짜 채굴

지난 2017년 10월경 국내에서도 이와 관련된 큰 사기 사건이 발생하였다. '마이닝맥스'라는 채굴 위탁 업체가 정확하지는 않지만 약 2만 명 가까운 사람들에게 수천억 원의 피해를 일으키고 잠적한 사건이었다(신문기사에는 3,000억 원대로 보도되기도 했었다). 해당 업체는 채굴기를 구매하면 채굴되는 보상을 지급한다고 하였다. 하지만 회사의 핑계(IDC-Internet Data Center 보관 중인 채굴기라 확인이 힘들다)로 정작 투자자들은 본인의 채굴기를 구경도 하지 못하였으며, 실제 입금되는 암호화폐만 믿고 있다가 결국 피해를 보았다.

생각하기로도 거액의 투자금을 선불로 입금받아 일부는 직접 채굴하였지만, 대부분은 시장에서 암호화폐를 구매 후 조금씩 나누어 주다가 결국 도망간 것이 아닐까 추측해 본다.

3 다단계 형식의 채굴

명예퇴직을 앞둔 친구 아버지도 암호화폐 다단계 사기 피해자가 될 뻔했다. 암호화폐투자로 수십억 원을 벌었다는 말에 혹해 있던 즈음, 한 암호화폐투자 설명회에 가셨단다. 130만 원만 납입하면 자신들이 내세운 가상화폐 'M코인'을 지급하고, 이를 통해 단기간에 수십 배까지 벌 수 있다는 설명에 솔깃했단다. 그래도 혹시 몰라 돌아와서 알아보니 전형적인 암호화폐 다단계 사기였다는 것이다. 이런 사기 조직들이 순식간에 수십억 원을 가로챈다는 기사도 많다. 의아했다. 듣기만 해도 사기라는 것이 느껴지는데 왜 수천 명의 사람이 저런 사기에 넘어가는지 말이다. 친구 아버지는

"직접 현장에서 여러 사람과 함께 설명을 듣다 보면 혹하게 되어있다"며 "블록체인과 채굴의 의미를 모르면 당하기에 십상"이라고 말하셨다.

지금까지, 채굴의 방식과 사기의 유형에 대해 알아보았다. 가만히 보면, 채굴방식의 3번(다단계 형식의 채굴)과 사기의 1번(해쉬 판매를 가장한 가짜 채굴)이 비슷함을 알 수 있다. 현재 해쉬를 구매하여 해쉬에 따른 보상을 받는 클라우드 마이닝 방식에 대표적인 회사가 2개 정도 있는 것으로 알고 있다. 아직은 사기 사건에 연류 된 적이 없으므로, 채굴 방법으로 소개해 보았다. 아마도 대표적인 이 사이트들 외에도 성행하고 있는 다른 사이트들이 많이 있을 텐데, 만약 이 방법을 통해 채굴할 생각이라면, 회사 선정에 신중에 신중을 기하여 판단하라고 얘기해주고 싶다.

사기가 성행할 수 있는 이유

그렇다면 왜 이런 사기들이 성행할 수 있는 것일까?

첫째, 지금껏 한 번도 없었던 새로운 사업 구조라는 것이다. 블록체인, 암호화폐, 채굴 등 이 모든 용어와 사업 구조에 대해 지금까지는 겪어보지 못한 전혀 새로운 것들이다. 그래서 대부분 사람이 여기에서 어떤 구조로 수익이 발생하는지 알지 못하고, 사기꾼들은 그 점을 이용하는 것이다.

둘째, 기술적인 접근 시 쉽게 알아들을 수 없는 방식이다. 전자공학과를 나온 나도, 처음에 채굴을 이해하고 수익을 올리기까지 많은 노력을 해야 했다. 하물며, 컴퓨터에 익숙하지 않은 세대들은 사기꾼들이 기술적인 용어를 써가면서 접근을 하면, 모르기 때문에 당하기에 십상이다. 또한, 젊은 세대라 하더라도 당장 '채굴'이라는 개념 자체에 대해 정확히 모르는 상태에서 접근하면 그럴싸한 말에 넘어갈 수 있다.

셋째, 기존 코인의 성공사례를 예로 들어가며 고수익이 날것처럼 홍보하고 있다.

사기꾼들은 기존 코인들의 사실을 가지고 사람들을 유혹한다.

"비트코인의 처음 공시가격은 0.8원이었다. 2009년에 1개에 1원도 하지 않던 코인의 현재 최고가격은 1개당 2,000만 원이다. 비트코인만 이렇게 가격이 많이 오른 것이 아니다. 후발 주자의 코인들도 가격이 급상승했다. 우리 회사 코인도 마찬가지다. 여러분이 단 000만 원만 투자하면, 그만큼 코인을 지급해 줄 텐데, 가만히 놔두기만 하면 수십 배까지 벌 수 있다"는 식의 논리이다.

앞에 나온 성공 예시는 실제 있었던 일이기 때문에 사람들은 쉽게 믿게 된다. 단순히 돈을 내기만 하면 2백, 3배, 수십 배가 된다는 식의 유혹은 한번쯤 의심해봐야 한다.

채굴 경험을 위한 추천

채굴에 대해 경험을 하고 싶은 사람들에게는 다음과 같이 추천한다.

1 본인이 직접 채굴기 조립 또는 구매하여 관리 위탁 업체에 위탁하여
채굴(Mining)

2 본인이 직접 채굴기 조립 또는 구매하여 가정 또는 작업장(공장)에서
직접 채굴(Mining)

3 해쉬를 구매하여 해쉬에 따른 보상을 받는 클라우드마이닝(Cloud Mining)

추천 순위는 **1** > **2** > **3**이다.

클라우드 마이닝(3번 방식)보다 직접 채굴기를 조립(1번 방식, 2번 방식)해 볼 것을 추천하는 이유는 직접 컴퓨터(채굴기) 조립을 해보면 추후 오류나 문제 발생 시 직접 A/S가 가능하기 때문이다. 나는 약 20대가량의 채굴기를 직접 조립해보았는데, 정말 특이한 것은 같은 부품을 쓰더라도 한 대 한대가 똑같은 컴퓨터는 하나도 없었다. 모든 컴퓨터마다 특징이 있었고, 문제 발생 케이스도 달랐다(물론, 비전문가인 내게 국한된 이야기일지도 모른다). 고생을 무척 많이 하긴 했지만, 결국 이런 경험이 문제를 해결하는 데 있어 큰 도움이 되었기 때문이다. 그래서 직접 조립을 한번 해보는 것을 추천한다.

여기에 경험자로서 팁을 한 가지 보태자면 GPU 채굴기는 대표적으로 Nvidia, AMD 사의 그래픽카드를 사용하는데, 이 두 종류는 오버클럭(성능 높이는 작업)하는 방식과 조립하는 방식이 크게 차이가 나기 때문에 각각 한 대씩은 꼭 조립하고 세팅해보는 것이 좋다.

이어서 가정에서 직접 채굴하는 것보다 위탁업체에 위탁하여 채굴하는 것을 추천하는 이유는 전기세 때문이다. 가정에서 채굴하면 비싼 전기세

때문에 수익성이 떨어진다. 물론 누진세를 감안하더라도 수익이 나는 구조이기는 하지만, 수익성이 높지 않아 추천하지 않는다.

또한, 공장에서 채굴하는 것보다 업체에 위탁하여 채굴하는 것을 추천하는 이유는 직접 공장을 운영하려면 본인 사업자가 있어야 하며, 공장 임대, 전기 공사, 환기 시설 등 환경 세팅을 직접 해야 하는데, 이 과정이 생각보다 많이 힘들기 때문이다(물론 나의 경우 혼자서 25대가량의 공장을 운영하였지만 여간 힘든 일이 아니었다. 하루에 3시간도 못 자며 회사 일과 병행했고, 그야말로 죽을 뻔했다).

이러한 점을 고려한다면, 채굴기 위탁을 전문적으로 해주는 회사에 본인의 채굴기를 위탁하여 관리비와 전기세를 지불하고 위탁 관리하는 것도 좋다. 2017년도에 암호화폐가 핫(Hot)해지면서, 위탁을 전문적으로 해주는 회사가 꽤 많이 생겨났다. 그러나 언제나 안전한 계약을 위해서는 스스로 부지런해져야 한다. 위탁을 하더라도 손품 발품 많이 팔아가며 알아보는 것이 좋다. 방문은 필수이며, 운영방식이나 계약 조건 등을 충분히 검토해 본 후 위탁하는 것을 추천한다.

채굴위탁 업체 선정 시
고려해야 할 팁

1 계약기간이 몇 달 혹은 몇 년 되는 업체는 피하자

이 시장이 어떻게 변할지는 아무도 모른다. 정상적인 채굴 위탁회사라면 대부분 계약기간이 따로 없다. 언제든 자유롭게 본인의 채굴기를 위탁, 회수할 수 있다. 과도한 계약기간이 포함되어 있으면 피하도록 하자.

2 과도한 보증금이 있는 업체

가끔 '전기세 + 관리비'의 보증금을 요구하는 업체들이 있을 것이다. 1~3개월 정도의 보증금은 이해가 되지만 이것 이상을 요구하는 업체는 피하도록 하자. 대부분의 정상적인 위탁 회사는 무리하게 요구하지 않는다.

3 관리가 엉망인 업체

먼저 말했듯이 방문은 필수이다. 이것은 사업이다. 이 돈은 본인의 피 같은 재산이다. 본인의 재산인데 직접 방문도 없이 전화 구두 계약과 같은 것으로 진행할 것이면 일찌감치 생각을 접도록 하자. 채굴기가 컴퓨터인 관계로 관리가 엄청나게 중요하다. 또한, 열기가 엄청나므로 환기가 중요하다. 반드시 방문하여 열관리, 벌레, 먼지 등이 관리가 안 되는 업체는 절대 피하자.

4 과도한 전기세와 관리비를 요구하는 업체

대부분 업체가 일반용 전기를 사용할 것이다. 인터넷을 통해 검색만 해봐도 kW당 전기요금이 계산된다. 계산해본 결과, 채굴기 시간당 전기요금과 업체에서 책정하는 전기요금을 비교하여 과도한 차이를 보이는 업체는 절대 피하자. 관리비는 평균 대당 2~5만 원 선으로 업체마다 차이가 있으나, 이 부분은 서비스(채굴기 고장 관련 A/S, 24시간 모니터링, 부품 교체, 청소 등)와 연관된 부분이므로 각자가 판단하도록 하자. 수익성과 관련된 일이기 때문에 꼼꼼히 체크해 보는 것이 중요하다.

여러 가지 조건을 따져봤을 때, 결론은 먼저 채굴에 대한 충분한 지식을 갖추고 나서, 유지비(관리비 + 전기)가 조금 더 들어가도 라도 전문적으로 관리해주는 위탁업체에서 채굴하는 것을 추천한다. 만약, 본인의 기존 업이 생산업이어서 공장을 운영할만한 공간과 여유 전기가 있고, 24시간 체크할 수 있거나 관리비마저 수익으로 전환하고 싶다면 직접 운영하는 것도 괜찮다. 하지만 도저히 집에서 채굴하거나 위탁 업체에 의뢰하는 것도 자신이 없다면, 마지막 방법으로 몇 년 동안 사기 없이 유지해온(다단계 업체가 아닌) 대표적인 클라우드 마이닝 업체를 통해 채굴하는 것을 추천한다.

실전 사례

앞서 말한 채굴의 방식 중 지금 내가 실제로 사용하고 있는 PoW 방식에 대해 알아보겠다. 현시점 기준으로 PoW 방식이 PoS 방식보다 훨씬 수익성이 좋다. 이유는 그만한 투자비용과 노력이 들어가기 때문이다(만약 PoS 방식이 수익성이 좋다면 모두가 PoS 채굴을 할 것이다). 나뿐만 아니라 많은 사람이 높은 수익성 때문에 PoW 방식을 사용하고 있고, 이 때문에 현재(2018년 1월) 전 세계적으로 그래픽카드 품귀 현상이 벌어지고 있어, 가격은 부르는 게 값일 정도로 비싸다. PoW 방식에는 ASIC와 GPU 채굴 방식이 있는데, 여기서는 내가 사용하고 있는 GPU 채굴 방식에 대해 알아보겠다.

GPU 채굴을 하려면, 먼저 채굴기를 조립하여야 한다. 채굴기의 조립은 일반 컴퓨터와 동일하다. 슈퍼컴퓨터라고 소개하지만, 정확히 말해 그래픽카드가 많이 달린 컴퓨터이다. 실제로, 일반 게임용 컴퓨터보다 성능이 떨어지는 컴퓨터로 대부분의 채굴기가 조립된다. 일반 컴퓨터와 다른 게 없으므로 조립 시 구해야 할 부품도 다음과 같이 일반적인 것들이다.

채굴기 조립 시 구해야 할 부품들

1 CPU

주로 일반 인텔 셀러론 제품을 많이 사용한다. 채굴은 그래픽카드 성능에 가장 큰 영향을 받기 때문에 굳이 비싼 CPU는 필요 없다. 저렴한 것으로 구매하고, 그 비용을 성능 좋은 그래픽카드를 사는 것에 투자하자.

2 RAM

4G 램(RAM) 정도면 적당하다. 대부분의 채굴기에 4G 램이 들어간다. 사람들이 많이 쓰는 것에는 다 그만한 이유가 있다.

3 POWER

대부분 채굴에 대해 지식이 있는 사람들은 "GPU와 POWER는 좋은 걸 쓰라"고 말할 것이다. 파워가 불안하면 채굴기가 자주 다운되고 해쉬 출렁임(연산이 안정적이지 못함)이 발생하게 된다. 부품 중 가장 고장이 잦은 게 '라이저카드 〉 파워 〉 그래픽카드' 순이라고 보면 된다. 그래픽카드가 전력의 주사용 원이므로, 그래픽카드의 종류에 따라 계산하여 잘 선택하자. 6Way(그래픽카드 6장이 연결된 채굴기)의 경우 Nvidia, AMD 상관없이 700w 브론즈 이상의 파워 2개를 선택한다.

4 메인보드

채굴기 조립 시 그래픽카드 몇 장을 한 세트로 묶어 조립할지에 따라 메인보드 선택이 달라진다. 만약 4Way 정도로 조립한다면 기존의 마이닝 전용 메인보드가 아닌 일반 메인보드를 선택하여도 가능하겠지만, 6Way, 8Way, 12Way 그 이상의 한 세트를 만들고자 하면 마이닝 전용 메인보드를 선택하도록 하자. 현재 시중에 유통되는 그나마 쉽게 구할 수 있는 메인보드는 최대 12Way까지 지원해준다.

5 HDD

주로 SSD를 사용한다. SDD는 부팅 속도가 빠르다. 120GB 정도의 제품을 추천한다. 부팅 속도는 좀 느리더라도 조립비용을 낮추고 싶다면 일반 HDD도 상관없다. 다만, 일반 HDD를 사용하더라도 가상메모리 사용까지 64GB는 조금 부족한 면이 있기 때문에 120GB 정도의 제품을 사용하자.

6 라이저카드

메인보드에 그래픽카드를 연결하는 슬롯이 있지만, 그 슬롯에 그래픽카드를 직접 꽂기엔 무리가 있다. 이것을 보완하기 위한 것이 라이저카드라는 것이다. 현재 'SATA 연결선 6Pin' 이라고 불리우는 제품이 그나마 안정성 측면에서 좋아 보인다. 라이저카드는 다른 부품들에 비해서 잔고장이 가장 많은 편이므로, 불량이 없는 제품을 선택하도록 하자.

7 그래픽카드

가장 신중히 선택해야 하는 부품이다. 크게 Nvidia 제품과 AMD 제품이 있다. 이더리움 기준 가격이 비슷한 Nvidia gtx 1060 제품과 AMD RX570 제품을 비교해보자. Nvidia 성능은 AMD 제품에 비해 10% 정도 떨어지지만, 오버 클릭이 쉽고 안정적이다(과한 오버클릭만 아니면 PC 다운이 거의 없다). AMD는 반대라고 생각하면 된다. 성능은 조금 더 잘 나오는 반면 오버 클릭(램 타이밍 조절)이 어렵고, 안정성이 조금 떨어진다. 두 제조사에도 다양한 Spec의 제품이 존재하므로 충분히 알아보고 선택하자. 참고로, 가장 많이 쓰이는 제품은 gtx 1060 제품과 AMD RX470, RX570 제품이다.

8 그 외 부품

케이스, 전원케이블, 듀얼파워 커넥터 등이 있다.

해당 부품들이 준비되면 조립을 해보도록 하자. 조립하는 방법에 대해서는 인터넷에 상세히 설명되어 있으므로, 여기서는 부품에 대해서만 언급하고 넘어가도록 하겠다.

와투마인 채굴 예상 수익

Ethereum (ETH)

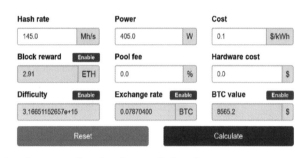

Hash rate		Power		Cost	
145.0	Mh/s	405.0	W	0.1	$/kWh

Block reward	Enable	Pool fee		Hardware cost	
2.91	ETH	0.0	%	0.0	$

Difficulty	Enable	Exchange rate	Enable	BTC value	Enable
3.16651152657e+15		0.07870400	BTC	8565.2	$

Reset | Calculate

Please note that calculations are based on mean values, therefore your final results may vary.

Algorithm:	Ethash	Status:	Active
Block time:	14.67s	Ex. rate:	0.07870400 (Binance)
Last block:	5,233,523	Ex. rate 24h:	0.07819193 (Binance)
Bl. reward:	2.91 ❶	Ex. rate 3 days:	0.07709909 (Binance)
Bl. reward 24h:	2.91 ❶	Ex. rate 7 days:	0.07606410 (Binance)
Website:	https://www.ethereum.org/	Ex. volume 24h:	4,694.85 BTC
Difficulty:	3,206,832,690,847,820.000	Market cap:	$66,138,152,640
Difficulty 24h:	3,166,511,526,570,000.000	Create 1 BTC in:	1,103.60 Days
Difficulty 3 days:	3,186,329,352,592,320.000	Break even in:	0.00 Days
Difficulty 7 days:	3,164,417,396,094,790.000		
Nethash:	218.62 Th/s		

Estimated Rewards

Per	Pool Fee	Est. Rewards	Rev. BTC	Rev. $	Cost	Profit
Hour	0.000000	0.000480	0.000038	$0.32	$0.04	$0.28
Day	0.000000	0.011513	0.000906	$7.76	$0.97	$6.79
Week	0.000000	0.080592	0.006343	$54.33	$6.80	$47.52
Month	0.000000	0.345394	0.027184	$232.84	$29.16	$203.68
Year	0.000000	4.202292	0.330737	$2,832.83	$354.78	$2,478.05

[WHAT TO MINE 예상 수익률 캡쳐, www.whattomine.com]

2018년 03월 11일 기준. Nvidia GTX 1060(삼성램) 6Way 기준 채굴 수익을 계산해 보았다. 멈춤 없이 24시간 유지하였을 경우 하루 0.011513 이더리움이 채굴되며, 이를 현금으로 환산했을 때 약 7.76$(8,300원) 가량의 수익이 발생한다. 여기서 전기세, 유지비를 제하면 순이익이 되는 것이다. 현시간 기준 Nvidia GTX 1060(삼성램) 6Way 채굴기 한 대가 270만 원 정도에 시세가 형성되고 있고 투자금을 회수하기까지 약 10개월 정도 소요된다고 계산된다.

누구나 쉽게 뛰어드는 시장 : 트레이딩

암호화폐는 인내심이 없는 사람의 돈을 모아
인내심이 많은 사람에게 나눠주는 과정

트레이딩(Trading)은 암호화폐를 가장 쉽게 접하는 방법이다. 거래소 가입 후 원화를 입금하면 원화로 암호화폐를 보유하는 것이 가능하다. 하지만 가장 쉽게 접할 수 있는 만큼, 위험 부담도 큰 편이다. 누구나 쉽게 암호화폐를 사고팔 수 있기 때문이다. 하루에도 몇 번씩 비트코인 가격이 100만 원 이상 올랐다 내렸다 하기를 반복하기도 한다.

이러한 변동성 때문에 시장에서 트레이딩할 때에는 인내심을 가지는 것이 중요하다. 트레이딩이야 말로 인내심이 없는 사람의 돈을 모아 인내심이 많은 사람에게 나눠주는 과정이다. 앞에서 언급 하였지만, '내가 지금 안 사면 끝없이 올라갈 것 같다', '내가 지금 안 팔면, 한없이 떨어질 것 같다'는 생각은 버리자!

사실, 암호화폐에서의 트레이딩은 주식과 비슷한 부분이 상당히 많다. 크게 봤을 때는 부동산을 포함한 모든 재테크와 공통점이 있기 때문에 재테크에 적용되는 일반적인 공식들이 암호화폐 트레이딩에서도 대부분 적용된다. 그중 여러분이 꼭 잊지 말아야 할 공식은 '무릎에서 사서 어깨에 팔아라', '공포에 사고 뉴스에 팔라'는 것이다. 이는 이미 주식시장에서 정석으로 불리는 이야기들이고, 여러분이 주식을 조금이라도 해보았다면 한번쯤 들어봤을 것이다.

워렌 버핏(Warren Buffett)은 이와 관련된 유명한 말을 했다.

> "다른 사람들이 공포에 떨 때 탐욕스러워야 하고, 다른 사람들이 탐욕스러울 때 공포에 떨어야 한다."

이 문장을 내가 좋아하는 재테크 분야 작가인 켄 피셔(Ken Fisher)의 『켄피셔, 투자의 재구성』(김태훈 역, 프롬북스, 2011)에서 처음 보았는데, 정말 명언이라는 생각이 들었다. 나중에 직접 경험했던 재테크를 총정리하며 다시 한번 짚어보겠지만, 이 문장은 정말 모든 재테크에 적용되는 공식 같은 말인 것 같다. 따라서 암호화폐 트레이딩을 할 때에도 저 공식을 마음에 새기고 투자한다면, 분명 수익을 낼 수 있을 것이다. 게다가 암호화폐의 트레이딩은 주식보다 훨씬 간단하고 순환이 빠르기 때문에 수익을 내기에 더 좋을 것이다.

주식거래를 해본 사람이라면, 암호화폐 트레이딩 역시 쉽게 할 수 있다. 왜냐하면, 암호화폐 트레이딩과 주식은 거래방식이 똑같기 때문이다. 매수자와 매도자가 가격을 정하고 원하는 가격에 사고파는 방식이다. 원하는 매도호가에 내가 팔 물량을 올리면, 그 가격에 사겠다는 사람이 사가는 것이다. 반대로 매수호가에 사고 싶은 물량을 올리면 팔겠다는 사람이 파는 전형적인 시장원리에 따른 방식이다. 암호화폐 트레이딩은 이처럼 주식과 거래방식은 같지만, 주식이 가지지 못한 여러 특징을 가지고 있기에 더 높은 수익률을 낼 수 있다.

암호화폐 트레이딩만의 특징들을 정리해 보자면 아래와 같다.

■1 24시간 시장이 움직인다

일부 암호화폐 반대론자들과 정부에서는 이렇게 말한다. "암호화폐 거래의 문제점 중 한 가지는, 24시간 사고팔기가 가능하다는 것입니다. 그렇기에 이 시장에서는 기존 주식시장에서 적용되는 안전장치들을 적용할 수 없어 위험합니다." 그러나 이것은 암호화폐시장의 특성을 몰라서 하는 이야기이다. 이 시장은 24시간 움직일 수밖에 없다.

가장 큰 이유는 전 세계의 시간이 다르기 때문이다. 전 세계를 대상으로 움직이는 것인데 어느 한 나라만 '우리는 아침 9시부터 오후 3시까지만 거래시킬 거야'라고 한다면 이것은 성립이 안 된다. 만약 미국의 비트코인 가격이 2,500만 원을 넘어서고 있는데 우리나라는 2,000만 원에 장 마감을 하여 멈춰있으면 다음 날 아침에 어떤 일이 생길까? 엄청난 혼란이 일어날 것이다. 또한, 코인이란 채굴, 즉 네트워크를 유지해준 사람들이 받는 대가이다. 시장이 멈추게 된다면 네트워크 유지에도 지장이 생길 것이다. 그리고 일부 코인은 코인을 전송하는 과정에 계약을 넣게 되는데, 그렇다면 시간을 정해둔 나라에서는 스마트 계약(스마트 계약[Smart Contract]이란 사용자가 원하는 조건[계약]을 기록한 뒤 블록체인을 사용해 계약 이행을 보장하는 것)으로, 보험, 예금, 채권, 전자지갑, 은행 업무 등 금융 분야를 포함해 전자투표, 각종 계약 등에도 응용 가능하다.

기능을 가진 코인은 사용하지 못하는 것인가? 보험 가입에 해당 코인을 사용하려면 오후 4시 이후로는 가입을 못 하는 것인가? 이 시장의 특징을 제대로 알고 있다면 당연히 24시간 움직여야 하는 부분이다. 덕분에 코인 트레이딩하는 사람들은 밤에도 수시로 깨서 시세를 체크하고 누구보다 일찍 일어나고 늦게 자게 된다.

② 상한가·하한가 브레이크가 존재하지 않는다

여기에 문제를 제기하는 사람들도 많다. 그들은 "암호화폐는 주식에 비해 상한가·하한가가 없어 변동성이 너무 극단적이다. 그렇기에, 암호화폐는 가치가 안정적이어야 한다는 화폐의 기본 요건을 충족시키지 못하기 때문에 미래에도 화폐가 될 수 없고, 암호화폐시장은 계속 투기장이 될 뿐이다"고 말한다.

그런데 만약 국내만 암호화폐 상한가·하한가 제도를 만들고, 주식처럼 서킷브레이크(CB, Circuit Brake) 등을 만든다고 가정해보자. 금세 해외와 시세차이가 생길 것이고, 당연히 자금은 상한가·하한가 제도가 없는 국가로 빠져나갈 것이다. 그렇게 되면 국내 암호화폐시장이 유지될 수 있을까? 해외와 시세차이로 인해 시장이 엉망이 될 것은 뻔한 수순이다.

③ 회전력이 주식의 30배 정도 빠르다

암호화폐 트레이딩의 회전력이 주식에 비해 30배 정도 빠르다고 생각한다. 쉽게 설명하면 주식에선 내가 매수한 가격이 저점이 아니어서 잔고에 마이너스가 보이면 흔히들 물렸다고 표현하는데, 주식은 이렇게 한번 물리면 장기투자(장기투자)를 하게 된다. 장기투자에 돌입하게 되면 1년이 걸릴지 2년이 걸릴지 아무도 모른다. 더더욱 주식에 관한 기본 지식이 부족하고 자기만의 트레이딩 알고리즘이 없는 사람이라면 시간은 길어진다.

주식 초보인 내 친구를 예로 들어 보겠다. 그는 자신의 지인에게서 특급 정보(?)를 듣고 한 제약회사 주식을 매수하였다. 문제는 그것이 가장 고점이었을 때였다. 친구는 주식투자 초보였기에 자신이 매수한 금액이 고점인지도 몰랐다고 하더라. 문제는 자신의 가용금액 전부인 100%를 투자했다는 것이다. 안타깝게도 그는 고점에서 매수해 수익을 내지 못하고, 이러지도 저러지도 못한 채 계속 물려있는 상태다. 그가 수익을 내려면 몇 년이 걸릴지 아무도 모른다. 만약 그가 주식시장을 잘 이해하고 투자했더라면, 수익은 못 내더라도 원금 회수가 가능한 시점 정도는 예상 가능했을 것이라는 아쉬움이 남는다.

주식에는 '트렌드'(Trend)라는 게 있다. 예를 들면, '건설 → 제약 → 반도체(전자) → 게임 → 관광 → 원자재 → 제조업' 이런 식으로 흐름이 이어져 나간다. 제약주의 가장 꼭대기에서 물렸다 치면 다음 제약 관련 주식들이 시장을 이끌어 갈 때가 아닌 이상 다시 전 고점을 뚫어내기가 힘들다.

나는 기본을 알려주기 위해 '이런 흐름을 잘 보아야 한다'는 것과 '습관이 중요하다는 것' 정도만 말해 주고 넘어가겠지만, 트렌드를 읽는다는 것은 굉장히 중요한 부분이다. 이 부분에 대해서는 필히 주식 관련 책도 읽어 보고 충분히 공부하도록 하자. 아마, '건설주의 사이클은 몇 년 주기로 움직이며, 어떠한 성향을 가진 대통령 혹은 정부가 있을 때 잘 움직이고, 총선이나 대선을 앞두고 있을 때 크게 움직이더라.' 이런 것까지 잘 나와 있는 책들도 있을 것이라고 본다.

회전력에 대해 말하다가 말이 조금 길어졌다. 결론은 코인시장은 이제 막 커지는 시장이고, 2010년부터 2018년 현재까지 계속 전 고점을 바꿔가는 상황이다. 주식의 회전력은 길게는 5~10년이고, 암호화폐 트레이딩의 회전력은 3개월 정도이기 때문에, 코인의 회전력이 30배 이상 빠르다고 생각한다.

4 차트, 재무제표의 부재

주식투자 방법에는 차트를 보고 투자하는 기술적인 트레이딩 방법, 재무제표 등을 확인하여 성장가치 또는 저평가된 기업에 투자하는 방법 등이 있다. 따라서 주식투자를 할 때에는 차트를 잘 볼 줄 아는 것이 매우 중요하고, 차트 보는 방식도 굉장히 다양하다. 코인은 차트가 있기는 하지만, 주식에서 말하는 차트와 다소 차이가 있다. 차트를 조금 볼 줄 안다는 사람들도 아마 대부분 코인에서는 차트만 믿고 트레이딩하는 것을 추천하지는 않을 것이다. 또한, 코인은 '영업이익이 얼마이다, 매출이 얼마이다'하는 재무제표도 없다.

그렇다면, 코인 트레이딩을 함에 있어 가장 중요한 것은 무엇일까? 코인은 '① 정해진 로드맵대로 개발 과정이 잘 이행되는지, ② 개발진의 원만한 소통이 이루어지는지, ③ 몇 개의 거래소에 상장이 되는지, ④ 기업과의 협업이 잘 이루어지는지'가 가장 중요하므로 이러한 요소들을 잘 체크해야만 한다.

5 세계 어느 나라에서 건 동일한 코인을 사고팔 수 있다

삼성전자 주식 같은 경우, 국내 주식시장에서만 사고팔 수 있다. 하지만 비트코인은 전 세계 어디서든 동일한 비트코인을 사고팔 수 있다. 미국에 있는 비트코인, 일본에 있는 비트코인, 모두 같은 비트코인이다. 이는 뒤에서 설명할 재정거래와 시장 이해에 있어 가장 중요한 부분이라고도 할 수 있다.

급한 돈으로는
절대 암호화폐투자 금지

앞서, 재테크를 함에 있어 공식 같은 말을 언급하였다. 이에 더하여 '투자는 여윳돈으로 하라!' 이말 또한 기억해야 한다. 투자의 기본 원칙 중 하나이다. 여윳돈이 아닌 것으로 투자하게 되면, 수익과 손실에 극도로 예민해지게 된다. 이것 또한 주식이나 코인 트레이딩을 통해 재테크를 해본 사람이라면 다들 공감하고 느낄 것이다.

예를 들어, 1,000원으로 비트코인을 샀다. 사자마자 1%가 올라갔다. 만족하지 못한다. 잔고에는 분명 1,010원이 찍히지만 '겨우?'라는 생각을 하게 된다. 그러나 이것은 1,000원이 아닌 1,000만 원을 투자해도 마찬가지다. 1,010만 원이 잔고로 찍혀도 '겨우 이것밖에 안 돼?'라는 아쉬움을 느끼게 된다.

반대로, 1,000만 원을 투자했는데 사자마자 1%가 내려가는 경우를 생각해 보자. 파란색 잔고를 보는 순간 불안하다. 앞자리 숫자가 바뀌었고

'괜히 했나?'라고 후회하게 된다. 1,000만 원을 투자했다면 10만 원이 이미 날아간 상태이다. 10만 원이면 보통 월급쟁이의 하루 일당 이상이 되고 가족들과 거하게 외식을 한 번 하고도 남는 돈이다. 마트에서 장을 보면 한 카트 가득 담을 수 있는 돈이다. 불안함을 느끼게 된다. 그리고는 '내가 왜 그랬을까?'라며 후회하게 된다.

이게 대다수 사람의 일반적인 심리다. 수익이 나고 있을 때는 겨우 1%라고 느껴지지만, 손해를 보고 있을 때는 극도의 후회와 불안감을 느끼게 된다. 나도 그랬다. 이와 관련해서 나중에 '자동 트레이딩 봇'을 설명하며 좀 더 상세하게 알아보겠다.

여유가 없으면 쫓기는 사람의 심리 때문에 기본적으로는 여윳돈으로만 트레이딩을 해야 한다. 여윳돈으로 투자하면, 최소한 위에서 말한 잔고의 플러스마이너스(±)에 대해서 조금 둔하게 반응할 수 있다. 잔고가 플러스(+)가 되면, '우와 수익이 점점 더 늘어나네!'라고 만족할 수 있고, 목표한 금액에 도달 시 매도가 가능하다. 그러나 잔고가 마이너스(-)가 되더라도 '처음 시작보다는 아직도 이만큼 수익이네!'라며 타협할 수 있게 된다.

요약하자면 기본적으로는 여윳돈으로 투자하라고 추천하고 싶다. 빚을 내거나 전 재산을 투입한 투자는 금물이다. 여윳돈으로만 투자하여 안정감 있게 투자해야 한다. 이는 정말 수십 번 강조해도 지나치지 않다.

단, 예외적으로 자기 스스로 시장을 살피고 기본적으로 충분한 공부가 된 상태에서 기회라고 느껴지는 경우에만 공격적 투자를 해볼 수도 있다고 생각한다. 확신이 서는 큰 기회라면 레버리지(Leverage)를 활용한 투자를 하는 것도 좋다고 생각한다. 대출을 받을 수 있는 것도 레버리지에 포함된다. 이때는 공격적 투자를 통해 나름 큰 이익을 얻을 수도 있기 때문이다. 그러나 특별한 경우를 제외하고는 기본적으로는 반드시 안정적으로 투자해야 큰 손해를 면한다는 것을 잊지 말자.

실전 사례

2018년 1월 중순, 정부는 암호화폐 거래소 신규계좌 개설을 금지시켰고, 1월 30일부터 실명 거래를 조건으로 한 신규계좌 개설이 가능해졌다. 현재는 업비트를 제외한 대부분의 거래소에서 신규계좌 개설이 가능하다. 인터넷을 사용하고 있다면 회원가입 등에 익숙할 것이므로, 금방 계좌 개설을 할 수 있을 것이다.

혹시 어려워할지도 모를 독자를 위해 쉽게 설명해보겠다. 재테크 수단으로 적금과 예금만 있는 줄 알았던 회사 선배는, 암호화폐가 핫하다는 것을 1월 중순에 방송한 '그것이 알고 싶다'는 프로그램을 통해 알게 되었다고 한다. 그리고 방송이 끝난 후 신규계좌 개설이 되지 않아, 기다렸다가 1월 31일에 '코인원'이라는 거래소에서 신규계좌를 발급받을 수 있었다고 한다. 선배의 말에 따르면(코인원 거래소 가입 기준으로 했을 때), 먼저 '실명인증'을 한 후 '본인 명의의 농협계좌 인증'을 해야 신규계좌 개설이 가능하다고 한다.

원래 성격이 안정적인 걸 좋아하고, 겁이 많은 선배는 가상거래 신규계좌에 10만 원을 입금했는데, 이 역시 가입 당시 본인 인증했던 농협계좌에서만 입금 가능하다고 했다. 입금 후, 10만 원을 가지고 아이오타코인

/ 젊어부자의 재테크 특강 직장인 부자 되기

(IOTA)과 리플코인(XRP)을 샀고, 일주일 만에 3만 원 정도의 수익이 났다며 좋아했다. 정기예금은 1년을 넣어도 이율이 2%가 채 안 되는데, 코인은 일주일 만에 수익이 30% 났다며 흥분했다. 그는 이후에 거래소마다 거래 가능한 코인의 종류가 다르다는 것과 거래소마다 코인들의 가격이 다르다는 것을 알게 되었고, 지금은 빗썸이라는 거래소에도 신규계좌를 개설해 코인원에서는 거래 불가능한 다른 코인들도 구매할 예정이라고 했다.

국가 간 암호화폐의 갭(Gap) 투자 : 재정거래

국가 간 암호화폐
가격 비대칭성이 존재하는 이유

'재정거래'_(국가 간 암호화폐의 갭[Gap] 투자)는 내가 생각하는 가장 안전한 투자 방법이자 가장 좋은 투자 방법이다. 이것은 '싼 가격에 사서 비싼 가격에 판다'는 시장원리에 따른 것이고, 이 원리에 따른 거래들은 기존에도 많이 존재했다.

금을 예로 들어보자. 서울에서 금을 살려면 어디로 가는가? 대부분 종로로 갈 것이다. 청담동으로 가지 않고 종로로 가는 이유는 무엇인가? 당연히 청담동보다 종로가 금값이 싸기 때문이다. 같은 원리로, 사람들은 휴대전화기를 살 때는 신도림으로 가고, 백화점에서 물건을 보고 인터넷 쇼핑몰에서 같은 상품을 주문한다. 같은 물건을 사더라도 지역마다, 매장마다 가격이 다르기 때문이다.

암호화폐 재정거래 역시 동일한 원리에 의해 움직인다. 즉, '가장 싸게 사서 비싸게 판다', '시세차익을 이용하면 시간을 투자해 돈을 벌 수 있다'는 투자의 기본원리를 따르고 있다. 실제로, 현재 거래소마다 코인 가격은 천차만별이다. 지금 이 순간에도, 업비트의 비트코인 가격과 코인원의 비트코인 가격이 다르다. 각각의 거래소마다 작은 시장이 형성되어 있어서 가격 차이가 발생하는 것은 당연하다.

지금 당장 모니터에 각 거래소 호가 창을 띄워 두고 비교를 해보자. 암호화폐에 대한 기본 개념이 있고, 투자에 감이 있는 사람이라면 무엇을 해야 하는지 벌써 눈치챘을 것이다. 그렇다! 지금 당장 비트코인 가격이 가장 낮은 거래소에서 코인을 매수한 후, 비트코인 가격이 가장 높은 거래소에서 매도하면 되는 것이다.

다시 금 거래를 예로 들어 보자. 종로에서 금 50g이 매도호가가 세금 포함 1,000만 원이고, 청담동에서 금 50g이 매수호가가 세금 포함 1,020만 원이라고 하자. 시간이 있다면 당장 종로에서 금을 사서 택시를 타고 청담동으로 가서 그 금을 팔 것이다. 이렇게 하면, 택시비를 제하고도 19만 원이라는 돈이 남을 테니 말이다(안타까운 것은 실제 금 같은 경우에는 세금 문제 등이 있어 이렇게 하기는 쉽지 않다).

다시 본론으로 돌아와 암호화폐 재정거래의 경우를 생각해보자. 코인원에 비트코인 가격이 1,000만 원이고, 업비트의 비트코인 가격이 1,020만 원이다. 코인원에서 파는 비트코인과 업비트의 비트코인은 같은 비트코인이다. 세금 문제도 없다. 시간, 코인마다 특성, 네트워크 상황에 따라 다르긴 하지만 보통 20분 내외로 거래가 가능하다. 암호화폐의 특성상 수수료 또한 저렴하다. 송금되는 약 20분의 시간 동안 시세 변동이 없다는 가정하에, 코인원에서 1,000만 원짜리 비트코인을 사서 업비트로 송금 후 입금 확인이 되면 1,020만 원에 팔면 된다. 이렇게 하면 수수료를 제하고도 18만 원 이상의 수익이 날 것이다.

그렇다면 이런 좋은 방법을 왜 안 할까? 이미 다 하고 있다! 이러한 방법을 누구나 알고, 하고 있기 때문에 지금 전 세계의 시세가 맞춰지고, 코인마다 프리미엄이 거의 비슷하게 형성되는 것이다. 한때 '김치 프리미엄이 40%가 넘는다.' '김치 프리미엄은 옛날 말이고, 역김치 프리미엄 현상이 일어나고 있다'는 등 신문에서 말들이 많았지만, 결국은 거래소마다 비슷한 시세로 맞춰지고 있다.

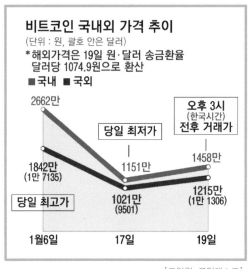

[코인원, 코인데스크]

<비트코인의 국내외 가격 변동 추이>를 보면, 2018년 1월 6일에 비트코인 가격은, 국내 2,662만 원, 국외 1,842만 원(1만 7,135달러)으로 국내 가격이 44.5%나 더 비쌌다. 하지만 다음 날인 1월 17일에는 국내 1,151만 원, 국외 1,021만 원(9,501달러)으로 국내 가격이 12.7% 높은 수준으로, 국내외 시세차이가 감소하였다 (류순열 기자, 2018. 1. 19일자 〈세계일보〉 '슬금슬금 반등하는 가상화폐… "김치 프리미엄" 다시 붙나' 中에서).

<가상화폐 시세 현황>을 보면 코인별 국내외 가격차이를 보여주고 있다. 2018년 1월 29일 비트코인 가격은, 국내 13,348,000원, 국외 12,58 3,490원(환율 1063.9원 반영)으로 국내 가격이 5.7% 높다. 다른 코인에서도 '김프 해소'는

가상화폐 시세현황 (2018. 1. 29. 오전 6시30분)			(단위=원)
	빗썸	코인마켓캡	김치프리
비트코인	13348000	12583490	5.73%
이더리움	1385000	1318661	4.79%
리플	1495	1436	3.93%
라이트코인	218600	204609	6.40%
비트코인골	199400	202513	-1.56%
이오스	16110	15650	2.86%

[2018. 1. 29., 〈헤럴드경제〉 인터넷판]

뚜렷하다. 이더리움과 리플의 김프는 3~4%대, 이오스의 김프는 2%대이다(윤호 기자, 2018. 1. 29일자 〈헤럴드경제〉 '가상화폐 김치 프리미엄 1/10토막… "역김프"도' 中에서).

재정거래, 이를 두고 환치기라고 생각하는 사람들도 많이 있다. 이와 관련된 <헤럴드경제> 기사를 살펴보자.

'관세청, 1,700억 원 규모 가상화폐 원정투기·환치기 적발'

관세청이 1,700억 원 규모의 가상화폐를 이용한 환치기·원정투기를 적발했다. 관세청은 가상화폐 등을 이용한 무등록외국환업무(환치기)와 원정투기 등에 대한 특별 단속을 벌여 지금까지 총 6,375억 원 상당의 외환 범죄를 적발했다고 31일 밝혔다. 이중 가상화폐와 관련된 불법 거래 규모는 총 1,770억 원에 달한다. 이번에 적발된 불법 거래 중 환치기는 총 4,723억 원으로 이중 가상화폐를 이용한 송금액은 118억 원이었다.

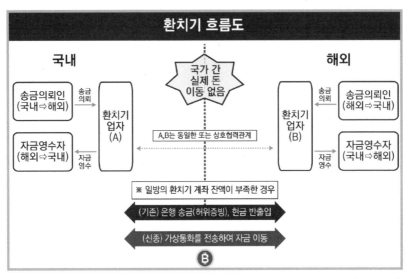

[배문숙 기자, 2018. 1. 29., 〈헤럴드경제〉, '관세청 1,700억 원 규모 가상화폐 원정투기·환치기 적발]

위 기사에서 보는 것처럼, 암호화폐를 이용한 환치기, 현재 이것은 불법이다. 그러나 결론부터 말하자면, 재정거래는 환치기와 다르다. 그와 관련된 자세한 설명은 뒤에서 하기로 하고, 먼저 암호화폐를 이용한 환치기 방법에 대해 쉽게 설명해보겠다.

예를 들어, 여러분에게 미국에 사는 친구가 있다. 여러분은 한국과 미국이 비트코인의 가격차이가 40% 나는 것을 알고, 친구에게 미국 현지에서 1,000만 원짜리 비트코인을 달러로 사서 여러분에게 전송해 달라고 한다. 여러분은 미국 친구에게 전달받은 1,000만 원짜리 비트코인을 한국에서 1,400만 원에 매도 후 400만 원은 여러분이 가지고, 친구가 비트코인을 구매할 때 들었던 1,000만 원어치의 달러를 다시 입금해 주었다.

이것이 암호화폐를 이용한 환치기다. 근본적으로, 암호화폐 거래가 환치기에 해당하는 것인지는 정확히 모르겠으나, 정확한 법이 없는 현재 상태에서는 환치기로 규정하고 있다. 그리고 환치기 거래는 불법이다. 왜냐하면, 일 년에 1만 달러 이상의 금액을 해외로 송금하면, 국세청에 신고된다는 외국환거래법에 저촉되기 때문이다.

하지만 계속 한 가지 의문이 머릿속을 맴돈다. 근본적으로, 암호화폐 거래가 환치기에 해당하는 것인가? 미국에서 미국산 소고기를 들여와 한국에서 수입가의 몇 배로 팔아 다시 미국산 소고기를 사는 행위도 환치기에 해당한다는 말인가?

이러한 암호화폐를 이용한 환치기를 통해 많은 돈을 번 사람들은 중국인들이다. 중국 베이징(Beijing) 조양구(Chaoyangu)는 외국인 밀집지역으로, 그 지역의 중국인들은 암호화폐로 하루 수억 원씩 번다는 이야기도 있다. 그 이유는 중국 당국의 암호화폐 사용금지 규제로 암호화폐를 위안화로 출금을 못하고 있기 때문에 그들은 중국에서 채굴된 비트코인 외 다수 코인을 한국으로 넘겨와(인터넷상에서 송금) 국내거래소에서 미국이나 자국보다 약 40% 이상 높은 가격에 판 다음 원화를 위안화로 환전하여 다시 중국으로 넘겨 가고 있다.

정리하자면, 암호화폐를 이용한 환치기란 해외에서 코인을 구매하여 원화로 판매 후 다시 해외 돈으로 환전과 송금하는 것을 말한다. 그러나 분명한 것은 재정거래는 절대 환치기가 아니라는 것이다. 많은 이들이 뉴스에서 나오는 것만 보고 코인이 해외로 넘어가면 모두 환치기라고 생각하는데, 재정거래와 환치기는 분명 다르다.

그럼, 지금부터 환치기와는 엄연히 다른 재테크의 수단으로서의 재정거래에 대해 알아보겠다. 재정거래의 원리는 먼저 말한 좀 더 싼 거래소에서 매수하여 송금 후, 비싼 거래소에서 매도하여 시세차익을 남기는 방식과 같다.

예를 들어, 종종 거래가 뜸한 시간이나 특정 시간대에 비트코인은 해외와 3%의 시세차이가 나지만 이더리움은 1%의 시세차이가 날 때가 있다. 여러분은 이를 이용하여 재정거래를 할 수 있다. 우선, 한국에서 1%의 시세차이가 나는 이더리움을 구매 후 해외거래소로 송금한다. 송금된 이더리움을 비트코인으로 교환하여 다시 국내거래소로 이동한다. 최종적으로 국내거래소에서 3% 비싸게 비트코인을 매도한다. 이러한 과정을 거치게 되면 여러분은 당장 2%의 수익을 올리게 된다. 물론 거래수수료, 송금수수료 등을 지불해야 하므로 2%만큼의 수익은 아니더라도, 분명 수익이 나게 된다.

이 과정에서 불법적인 것을 의심해야 하는 부분이 있는가?

'에이, 이거 환치기자나', '불법이자나' 하는 사람은 아직 암호화폐에 대한 기본지식이 적다고 할 수 있다. 기존 화폐를 대신하겠다고 만들어진 암호화폐는 대다수가 화폐의 단점을 보완하기 위해 만들어진 것들이다. 환전이라는 개념 또한 화폐의 단점 중 하나이고, 이것을 보완하기 위해서는 전 세계 어디든 공통적으로 사용되어야 하며, 쉽게 왔다 갔다 할 수 있어야 한다는 것이다.

재정거래 과정에서, 여러분은 원화로 비트코인을 사들였을 뿐 비트코인이 전 세계 어디로 가든 전혀 문제 될 것이 없다. 또한, 암호화폐시장에서 비트코인은 기축통화이기 때문에, 여러분이 이 기축통화로 무얼 사든 전혀 문제 될 게 없다. 다시 여러분이 암호화폐를 가치에 맞게 원화로 교체하여 출금을 한다고 치자. 대체, 이 과정에서 무엇이 문제가 된단 말인가?

더 쉽게 설명해 보겠다. 종로에서 금을 싸게 사서 청담에서 팔았다. 은은 마침 청담이 더 싸길래, 청담에서 은을 사서 다시 종로에서 팔았다. 이것이 불법인가? 위의 과정은 재테크를 하고 트레이딩을 하는 사람이라면, 당연히 행해지는 자연스러운 과정일 뿐이다. 단지, 지금도 잘못 불리고 있는 '가상화폐'라는 용어 자체가 사람들로 하여금, 암호화폐를 실존할 수 없는, 상상의 화폐인 것처럼 받아들이게 하고, 그로 인해, 이러한 교환과정이 낯설어지는 착각을 하게 만드는 것이다.

재정거래의 핵심
해외 송금이 아니고 암호화폐 송금이 비밀이다

앞에서도 언급했듯이, 암호화폐 재정거래를 할 때에는 달러나 원화를 송금하는 것이 아니라, 암호화폐를 송금하는 것이 좋다. 왜냐하면, 달러나 원화를 송금하여 해외거래소에서 비트코인을 구매 후, 국내거래소로 보내고, 이를 국내에서 매도하여 시세차익을 얻는 것은 외국환거래법에 위반될 소지가 있지만, 애초에 시세차이가 작은 코인을 송금하여, 해외거래소에서 시세차이가 큰 코인으로 바꾸고, 이것을 국내거래소로 보내 시세차익을 남기고 매도하는 것은 외국환거래법에 위반될 소지가 적기 때문이다. 왜냐하면, 두 번째 경우는 국가 간에 코인들만 오고 간 것이지, 외화가 오고 간 것은 아니기 때문이다. 또한, 암호화폐는 아직 화폐로 정확히 인정을 받은 것이 아니므로 명확히 처벌할 수 있는 법적 근거도 없다.

경험에 의한 재정거래 팁

1 프리미엄 비교 애플리케이션을 사용하라

요즘 스마트폰 애플리케이션 중 거래소 간 프리미엄을 비교해주는 애플리케이션이 많이 나와 있다. 본인이 보기에 가장 편리한 애플리케이션을 설치하여 수시로 체크 해보도록 하자. 알다시피 암호화폐 가격은 시시때때로 변하기 때문에, 되도록 시간이 날 때마다 체크해 보도록 하자.

2 다양한 거래소에 가입하고, 미리 최대한 한도를 풀어 두어라

단순히 국내거래소만 이용하여 시세차익을 보아도 충분하지만 유독 해외거래소와 크게 차이가 발생하는 경우가 흔히 있다. 세계 각국의 대표적인 거래소들은 미리 가입하여 계정을 만들어 두고 본인 인증을 하여 일일 송금 한도를 최대한 풀어 두도록 하자. 내 주변에서는 코인마켓캡(CoinMaket Cap)이나 비트렉스(BITTREX) 등도 많이 이용하지만, 거래소를 많이 확보해 놓는 게 도움이 되기 때문에 아래의 사이트를 참조하여 최소 10개 이상의 거래소를 확보하도록 하자.

[대표적인 거래소 비교 사이트]
- 코인마켓캡(https://coinmarketcap.com/)
- 코인힐스(www.coinhills.com/market/exchange/)

05

과학적 분석의 자동매매 : 봇(BOT)

봇의 원리,
차트와 계산 알고리즘을 이용한 자동매매

봇(BOT)이란 원래 '로봇'(Robot)의 줄임말이지만, 여기서는 '차트와 계산 알고리즘을 이용한 자동매매 시스템'을 말하는 것이다. 대부분의 거래소는 봇, 즉 API(Application Programming Interface)를 제공해 준다. 그 이유는 거래소의 수익 중 대부분이 수수료에서 나오기 때문이다. 사람들이 봇을 이용한 거래를 하게 되면 거래가 활발해져 거래횟수가 늘어가고, 자연히 수수료 수익이 늘어나게 된다. 종종 거래소 호가 창을 보고 있으면, 사람이라면 할 수 없는 특이한 수치의 매도와 매수가 진행되고 있는 것을 볼 수 있다. 실제로, 많은 사람이 봇을 이용한 거래를 하고 있다. 여러분이 이 책을 읽고 있는 지금도 수많은 봇들이 활발하게 거래를 하고 있다. 암호화폐뿐만 아니라 주식에서도 봇을 이용한 매매가 핫하기 때문에 이와 관련된 광고들이 많이 있다.

인공지능을 구비하고, 빅 데이터를 활용하는 자동매매 봇!

들어보면 굉장히 거창할 것 같다. 인공지능이라 함은 기계 스스로 판단하는 것이고, 빅 데이터(Bic Data)라 함은 거의 모든 경우의 수를 분석한다는 것이니, 엄청나다는 생각이 들 것이다. 하지만 실상은 말이 좋아 인공지능이지, 이것은 특정 전문가의 트레이딩 방식을 그대로 옮겨둔 알고리즘 시스템일 뿐이다. 그러니, 너무 어렵게 생각하지는 말자. 이미 주식에서 봇을 개발해 본 적이 있는 사람이라면, 암호화폐 역시 주식과 거래방식이 동일하므로 자기만의 확고한 트레이딩 방식 시나리오를 가지고, 알고리즘만 정확히 짜준다면 큰 어려움 없이 암호화폐 봇을 구현할 수 있을 것이다.

하지만 실제로는 많은 사람이 프로그램을 직접 개발할 능력이 없을 것이다. 그래도 낙담하지는 말자. 다행히도 여러 거래소에서 API와 함께 예제까지 친절하게 정리를 해둔 것들을 제공해 주기 때문에 이것을 잘 활용하면 된다. 혹은 주변의 지인 중에 프로그램 개발 능력이 있는 사람이 있다면 도움을 받는 것도 괜찮다고 생각한다.

그럼 여기서 한 가지 질문하겠다. 왜 이렇게 많은 사람이 봇을 이용한 거래를 하는 것일까? 이유는 봇이 가지고 있는 매력적인 장점들 때문이다. 이에 대해 정리하면 다음과 같다.

1 정확한 매매가 가능하다

확률에 대해 잠시 생각해 보자. 카지노에서 다이사이(주사위) 게임을 한다. 홀짝 맞추기 게임만 참여할 것이다. 잃으면 0이 되고, 승리하면 2배가 되는 방식이다. 먼저 '홀'에 1,000원을 배팅(Batting)했다. 그러나 잃었다. 두 번째 '홀'에 2,000원을 배팅했다. 또 잃었다. 세 번째에도 역시 '홀'에 4,000원을 배팅했다. 이번에는 이겼다. 결과적으로 보면 나는 총 7,000원을 배팅하였고, 8,000원을 얻어 최종적으로 1,000원의 이익을 얻었다.

자! 이런 식으로 배수로 계속 배팅을 하다 보면, 언젠가는 홀이 한 번 나와 분명 수익을 내지 않을까? 확률적으로는 충분히 가능하다고 본다.

그러나 여기에는 심각한 오류가 있다. 이 배팅을 '사람'이 한다는 것이다. 사람이라면 당연히 감정이 들어간다. 만약 1,000원으로 시작한 배팅이 7번 연속 틀렸다고 해보자. 8번째는 128,000원을 배팅해야 한다. 1,000원의 수익을 내기 위해서 128,000원을 배팅해야 한다. 아마도 1,000원의 수익을 내기 위해 해당 금액을 배팅하는 사람은 드물 것이다. 시간이 아깝고 노력이 아깝기 때문이다. 하지만 봇은 가능하다. 봇은 감정이 없으므로 정확히 정해진 대로만 배팅한다. 수익이 나든 손해가 나든 봇은 신경 쓰지 않는다. 오로지 정해진 시나리오대로 움직일 뿐이다.

트레이딩을 하다 보면 항상 손해를 보게 하는 것은 인간의 약한 멘탈(Mental)이라는 것을 알 수 있다. 봇은 이러한 사람의 약한 멘탈을 대신해 시나리오를 정확하게 지켜 내며 트레이딩을 해준다. 감정이 없기에 정확한 매매가 가능한 것! 이것이 봇의 가장 매력적인 이유일 것이다.

2 끊임없는 거래가 가능하다

앞서 얘기한 암호화폐 트레이딩으로 100,000원을 투자해 30,000원의 이익을 얻어 흥분했던 선배는 보름쯤 지난 뒤, 너무 힘들다며 하소연을 했다. 수익이 떨어졌느냐고 물어보니, 그건 아니고 투자 금액을 늘리고 나서부터는 계속 거래소 호가 창만 들여다보고 있느라 제대로 먹지도 않고, 잠도 제대로 자지 못한다는 것이었다. 본인이 보지 않는 사이에 매수·매도 시기를 놓치게 될까 봐 불안해서 계속 호가 창만 들여다보고 있게 되고, 그러니 일상생활이 되지 않는다고 했다. 나는 선배에게 봇이라는 걸 이용해서 자동매매를 할 수 있고, 잘만 이용하면 수동으로 하는 것보다 높은 수익률을 얻을 수 있으니 봇을 이용해보라고 조언해 주었다.

초보 주식투자자나 초보 암호화폐투자자 중 이 선배와 같은 경험을 한 사람들이 많을 것이다. 그중에는 '아, 직장생활하면서 주식은 못하겠구나. 전업 투자자로 돌아서야 하나?'라는 생각을 해본 사람들도 있을 것이고, 매수·매도 타임을 숱하게 놓쳐 본 사람들도 있을 것이다. 사람이 수동으로 트레이딩을 할 경우, 계속 호가창을 보고 있게 되고, 정신이 거기에만 쏠려 쉽게 지쳐버린다. 게다가 일상생활을 하다 보면 매수·매도 타임을 놓치는 게 부지기수다. 반면 봇은 시나리오만 완벽하고 거기에 맞게 정확히 구현만 된다면 절대 매수·매도 타임을 놓치지 않는다. 내가 밥을 먹을 때도 자고 있을 때도 말이다. 이것이 봇이 매력적인 두 번째 이유이자 생각하는 봇의 가장 큰 장점이다.

위의 매력적인 장점들 때문에 많은 사람은 봇을 이용한 매매를 한다. 하지만 봇에도 분명 단점들이 존재하므로, 이를 인지하고 사용하도록 하자. 이에 대해 정리해보자면 다음과 같다.

① 급등·급락장에서의 대응이 힘들다.

트레이딩을 해보면 알겠지만, 암호화폐는 주식처럼 상한가와 하한가가 따로 있는 것이 아니다. 그래서 급등·급락장에서의 대응이 쉽지가 않다(물론 예외처리를 잘한다든가 급등·급락장에서도 대응할 수 있는 알고리즘이 있다면 예외일 수도 있다). 특히 급등·급락하는 이유가 정치적, 거시적인 이슈 때문이라면, 봇이 무용지물이 되기도 하므로 이슈 사항이 영향을 미치지 않는 정상적인 패턴을 보이는 장에서만 활용을 해보는 것도 괜찮다.

또한, 트레이딩 봇으로 높은 수익률을 올리는 외국인 투자자의 말을 빌리면, 한 가지의 투자 전략으로 트레이딩 봇을 돌리면 안 되고 상승장, 횡보장, 하락장에 따라 다른 투자 전략으로 트레이딩 봇을 돌려야 높은 수익률을 올릴 수 있다고 하니 참고하도록 하자.

② 구현 자체가 쉽지 않다.

주변에 친분 있고 능력 있는 개발자가 있거나 믿을만한 개발 업체를 끼고 한다면 개발이 어렵지 않겠지만, 본인이 컴퓨터 언어나 코딩하는 데 있어 실력이 충분치 않다면 처음부터 공부하여 개발해야 하므로 어려움을 겪을 수 있다. 이것 때문에 기존 구현된 봇들을 판매하는 곳이나 이용료를 내고 사용하게 해주는 곳도 있지만, 이는 본인의 트레이딩 방식과 다를 수 있으므로 추천하지는 않는다.

핵심은
'변동성이 큰 암호화폐를 선정하는 것!'

내가 개발한 봇에 대해 잠시 설명하겠다. 어차피 모든 노하우를 공개하기로 했으니 직접 개발한 봇의 시나리오 일부를 공개하겠다.

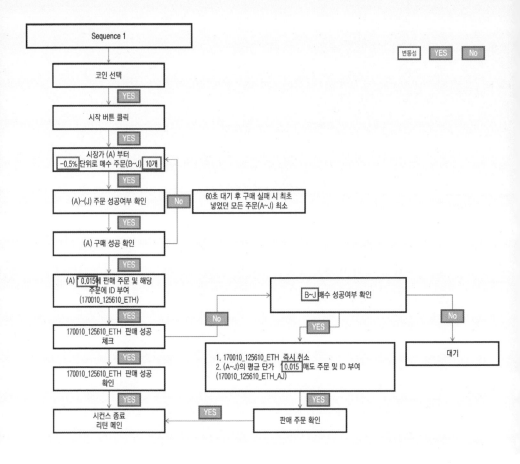

[내가 직접 개발한 암호화폐 봇의 시나리오]

　이 봇의 시나리오는 시장 상황에 따라 주문 개수나 추가 구매하는 금액
은 유동적으로 변하지만, 기본적인 방식은 비슷하다. 간단하게 설명하면,
처음 구매 가격으로부터 1%의 수익 발생 시 매도하고, 하락 시 추가로 구
매하여 평균단가를 낮춘 후 평균단가보다 1%의 수익이 났을 경우 매도하
는 방식이다.

　앞서 말했듯이 암호화폐가 주식보다 30배는 빠른 회전력을 가지고 있
다. 즉, 암호화폐시장에서 1% 등락은 쉽게 있는 일이다. 욕심부리지 않고

1%의 수익을 수없이 만들겠다는 게 해당 봇의 목표이다. '겨우 1% 가지고 큰 수익을 낼 수 있을까?'라는 의문을 제기하는 사람이 있을 수도 있다. 하지만 그건 복리의 무서움을 몰라서 하는 얘기다. 복리를 이용하면 1%가 쌓여 큰 수익이 될 수 있다.

1% 수익의 복리의 마법을 아래의 표를 통해 설명해보겠다(시작 금액: 300만 원일 경우).

0	0	0	0 %
1	3,000,000	3,030,000	1%
2	3,000,000	3,060,300	2%
3	3,000,000	3,090,903	3%
4	3,000,000	3,121,812	4%
5	3,000,000	3,153,030	5%
6	3,000,000	3,184,560	6%
7	3,000,000	3,216,406	7%
8	3,000,000	3,248,570	8%
9	3,000,000	3,281,056	9%
10	3,000,000	3,313,866	10%
11	3,000,000	3,347,005	12%
12	3,000,000	3,380,475	13%
13	3,000,000	3,414,280	14%
14	3,000,000	3,448,423	15%
15	3,000,000	3,482,907	16%
16	3,000,000	3,517,736	17%
17	3,000,000	3,552,913	18%
18	3,000,000	3,588,442	20%
19	3,000,000	3,624,327	21%
20	3,000,000	3,660,570	22%
21	3,000,000	3,697,176	23%
22	3,000,000	3,734,148	24%
23	3,000,000	3,771,489	26%
24	3,000,000	3,809,204	27%
25	3,000,000	3,847,296	28%
26	3,000,000	3,885,769	30%
27	3,000,000	3,924,627	31%
28	3,000,000	3,963,873	32%
29	3,000,000	4,003,512	33%
30	3,000,000	4,043,547	35%
31	3,000,000	4,083,982	36%
32	3,000,000	4,124,822	37%
33	3,000,000	4,166,070	39%
34	3,000,000	4,207,731	40%
35	3,000,000	4,249,808	42%
36	3,000,000	4,292,306	43%
37	3,000,000	4,335,229	45%
38	3,000,000	4,378,582	46%
39	3,000,000	4,422,368	47%
40	3,000,000	4,466,591	49%

41	3,000,000	4,511,257	50%
42	3,000,000	4,556,370	52%
43	3,000,000	4,601,933	53%
44	3,000,000	4,647,953	55%
45	3,000,000	4,694,432	56%
46	3,000,000	4,741,377	58%
47	3,000,000	4,788,790	60%
48	3,000,000	4,836,678	61%
49	3,000,000	4,885,045	63%
50	3,000,000	4,933,895	64%
51	3,000,000	4,983,234	66%
52	3,000,000	5,033,067	68%
53	3,000,000	5,083,397	69%
54	3,000,000	5,134,231	71%
55	3,000,000	5,185,574	73%
56	3,000,000	5,237,429	75%
57	3,000,000	5,289,804	76%
58	3,000,000	5,342,702	78%
59	3,000,000	5,396,129	80%
60	3,000,000	5,450,090	82%
61	3,000,000	5,504,591	83%
62	3,000,000	5,559,637	85%
63	3,000,000	5,615,233	87%
64	3,000,000	5,671,386	89%
65	3,000,000	5,728,099	91%
66	3,000,000	5,785,380	93%
67	3,000,000	5,843,234	95%
68	3,000,000	5,901,667	97%
69	3,000,000	5,960,683	99%
70	3,000,000	6,020,290	101%
71	3,000,000	6,080,493	103%
72	3,000,000	6,141,298	105%
73	3,000,000	6,202,711	107%
74	3,000,000	6,264,738	109%
75	3,000,000	6,327,385	111%
76	3,000,000	6,390,659	113%
77	3,000,000	6,454,566	115%
78	3,000,000	6,519,112	117%
79	3,000,000	6,584,303	119%
80	3,000,000	6,650,146	122%
81	3,000,000	6,716,647	124%
82	3,000,000	6,783,814	126%
83	3,000,000	6,851,652	128%
84	3,000,000	6,920,168	131%
85	3,000,000	6,989,370	133%
86	3,000,000	7,059,264	135%
87	3,000,000	7,129,856	138%
88	3,000,000	7,201,155	140%
89	3,000,000	7,273,166	142%
90	3,000,000	7,345,898	145%
91	3,000,000	7,419,357	147%
92	3,000,000	7,493,551	150%
93	3,000,000	7,568,486	152%
94	3,000,000	7,644,171	155%
95	3,000,000	7,720,613	157%
96	3,000,000	7,797,819	160%
97	3,000,000	7,875,797	163%
98	3,000,000	7,954,555	165%
99	3,000,000	8,034,100	168%
100	3,000,000	8,114,441	170%

표에서 볼 수 있듯이, 300만 원으로 시작해 100번만 성공하면 약 811만 원이 된다. 그 이상은 상상에 맡기겠다. 잊지 말자! 절대 복리 계산에서의 1%를 작은 숫자로 보면 안 된다.

이렇게 암호화폐의 회전력과 등락폭을 감안한다면, 트레이딩 봇을 이용한 자동매매는 충분히 매력적인 도구이다. 그래서 나는 현재도 평범하게 박스권 내에서 움직이는 장에서는 해당 봇을 이용해 2~5% 사이의 굉장히 훌륭한 수익을 내고 있다(특별한 급락장, 급등장에서는 아직 조금 불안한 면이 있어 해당 봇을 사용하지 않는다).

여러분도 프로그램 개발 능력이 있다던가, 마인드컨트롤이 잘되지 않아 목표한 수익 또는 추매(추가매수) 등에 능하지 않다면, 봇을 연구하여 운용해 보는 방법도 적극 추천한다.

실전 사례

봇 구현을 위해서는 API 사용은 필수이다. API를 발급받는 방법은 간단하다. 거래소 본인의 계정에서 API 권한을 신청하면 기능 제공 여부에 따라 권한을 부여해준다. 전체적으로는 대부분의 거래소가 비슷하지만, 함수명이나 변수명 등이 조금씩 다르다. 또한, 주문 넣을 수 있는 개수, 서버 상황, 예외 처리 방법 등도 거래소마다 모두 다르다. 만약, 본인이 직접 개발하고자 한다면, 충분한 테스트(Test)를 거친 후 실전 투입해야 한다.

06

현금 관리와 트레이딩 방식

현금 관리의 중요성

한 치 앞도 알 수 없는 게 암호화폐 트레이딩 시장이다. 변동성이 큰 시장이니만큼 현금 관리의 중요성은 아무리 강조해도 지나치지 않다. 이는 주식에서도 마찬가지이다. 우리는 신이 아니기 때문에 저점이 어디인지를 알 수가 없다. 내가 산 가격이 운이 좋아 최저점이라면 다행이겠지만, 사실 그럴 경우는 굉장히 드물다. 나의 경우, 여기저기서 배운 지식으로 차트도 조금 볼 줄 알지만, 아직도 저점은 거의 찾아내지 못한다. 사실 그 정도 능력이 있다면, 이런 책은 볼 필요도 없을 것이다. 대부분 내가 산 가격이 저점이 아니기 때문에 사고 나서 떨어지는 건 잘못된 일이 아니다. 오히려 자연스러운 현상이다. 따라서 주식이나 코인 트레이딩을 할 때에는 항상 분할 매수·매도를 하여야 한다. 분할 매수·매도야말로 이런 종류의 트레이딩에 있어 가장 중요한 습관이라고 자부할 수 있다.

나의 투자 습관을 예로 들어 설명해 보겠다. 투자 자금이 100만 원 있다면, 첫 번째 매수는 30만 원만 하고, 다행히도 산 가격이 저점이라 사자마자 수익권으로 진입한다면, 더 이상은 구매하지 않는다. 그냥 30만 원의 30% 정도 수익이 나면 팔아 수익실현을 할 것이다. 하지만 산 가격이 저점일 경우는 거의 없다. 그래서 투자하기에 앞서 항상 정확한 추매 금액과 타이밍을 정해둔다. '-15%에서 전체금액의 40%를 추매하고, -15% 시 전체금액의 30%를 추매해야지' 이렇게 계획을 세우고, 주로 3번에 걸쳐 종목을 매수한다. 쉬운 것 같지만, 처음 목표한 정확한 금액과 등락 퍼센트(%)에 투자한다는 것은 굉장히 어려운 일이다. 이는 멘탈이 강해야 하며, 습관이 잡혀 있어야만 가능한 일이다. 나도 이러한 습관을 잡기까지, 여러 번의 시행착오를 거쳤다. 다양한 경험 끝에, 수익을 낼 수 있는 최고의 방법은 산 가격에서부터 평단을 낮춰가며(물타기), 저점을 발견하고 거기서부터 수익을 실현하는 것이라는 걸 깨닫게 되었다.

단, 물타기의 위험성에 대해서도 분명히 알아야 하고, 최소한 물을 탄다면 분명히 한 번은 치고 나갈 수 있는 종목 발굴을 해야 하는데, 이것은 본인의 몫이다. 앞서 말한 내 친구처럼, 주위 사람들의 특급 정보를 너무 믿지 말고, 주식 관련 서적을 통해 공부도 하고, 꾸준히 뉴스와 신문을 보며 트렌드도 파악해서 치고 나갈 수 있는 종목을 발굴하도록 하자.

이처럼 현금 관리에 있어서 가장 중요한 습관이 분할 매수·매도를 하는 것이라면, 그다음으로 중요한 습관은 저가매수 기회를 잡을 수 있도록 투자금을 준비해 두는 것이다. 주식투자에 있어 경험이 많은 지인 가운데 한 사람은, 매월 자신의 수입 일정액을 CMA 저축을 한다고 했다. 그 이유는 저축 없이 투자할 경우, 주가가 내려갔을 때 저가매수 기회를 놓칠 수밖에 없기 때문에, 저축을 통해 미리 투자금을 마련해 두고, 때가 오면 적극적으로 물타기를 해 수익을 실현하기 위해서라고 말한다.

코인 트레이딩을 할 때에도 마찬가지다. 매월 일정금액을 투자금 목적으로 저축해두면, 코인의 저가매수 기회가 왔을 때, 적극적으로 투자해 수익을 극대화할 수 있을 것이다.

나에게 맞는 트레이딩 방식
결정의 중요성

요즘 카톡, 텔레그램 등의 메신저에 단체 채팅방이 많이 있다. 이런 단체 채팅방을 통해 종목 리딩을 해 주는 사람들도 있다. 아마 지금 이 책을 보는 사람이라면 적어도 방 하나쯤은 참여해 있을 것이라고 예상해 본다. 이런 방에 참여하여, 보고 있으면 특이한 광경을 목격하게 된다.

똑같은 시간에 똑같은 종목을 모두에게 추천해 주지만 누군가는 수익이 나서 고맙다고 하고, 누군가는 손해가 나서 사기꾼이 아니냐며 욕을 한다. 왜 이런 일이 발생할까? 이렇게 해석해 볼 수 있다. 분명히 종목을 짚어 준 사람은 충분히 '유망해 보이는 종목이니 관심을 가지고 보세요!'라고 말을 한 것이다. 이 종목을 자기만의 매매 방식을 적용해 트레이딩을 한 사람은 분명 수익이 났을 것이고, 자기만의 매매 방식이 없어, 흔히 말하는 몰빵(가용할 수 있는 전체 금액 투입)을 한 사람은, 매도가가 떨어지고, 잔고에 마이너스 (-)가 보이니 불안해서 기다리지 못하고 팔고 나서는 결국 종목 추천자를 욕하는 것이다.

이처럼 주식이나 암호화폐를 트레이딩할 때에는 자신만의 매매방식을 만드는 것이 중요하다. 이를 위해서는 기존 트레이딩 방식에 대한 이해가 필요하므로, 대표적인 트레이딩 방식에 대해 잠깐 설명하고 넘어가겠다.

첫 번째는, 스캘핑(Scalping)이다. 이것은 초단타매매를 말한다. 한두 틱의 움직임으로 수익을 보기 때문에 '틱띠기'라고도 한다. 보유 시간은 보통 2~3분이고, 최대한 빨리 포지션을 청산해야 한다. 초단타매매인 만큼 매매횟수는 무한이지만 엄청난 거래수수료가 발생한다는 단점이 있다.

두 번째는, 데이 트레이딩(Day trading)이다. 이는 오전 9시(장 시작)에서 오후 3시(장 마감)까지 당일에 매매를 끝내는 트레이딩 방식이다. 개인에 따라 차이는 있으나, 평균적인 하루 매매횟수는 3회 정도이다.

세 번째는, 포지션 트레이딩(Position trading)이다. 이는 1~2주 간격으로 매매하는 스윙매매와 1개월 이상 보유하는 장기투자를 말한다. 포지션을 오버나잇(Overnight)하는 것이 특징이고, 스윙매매의 경우 보통 이틀에서 보름 정도 포지션을 끌고 간다.

이러한 기존 트레이딩 방식에 대한 이해를 바탕으로, 자신만의 분명한 투자방식을 발굴하자. 그리고 이것을 봇으로 옮기든 자신이 수동으로 하든 정확하게 지켜가며 투자를 진행하자.

지금까지 순전히 나의 투자 방식에 관해 설명하였다. 처음부터 밝히고 시작하였지만 나는 전문가도 아니고 누구에게 가르칠만한 지식을 가진 사람도 아니다. 순전히 내가 투자로 수익을 낸 방법에 대해 말한 것이기 때문에 참조만 하도록 하고, 더 좋은 투자 방법이 있다면 그 방법대로 투자하자.

다시 한 번 강조하지만, 주식이나 코인투자를 함에 있어 가장 중요한 것은 자기만의 명확한 투자 방식이 있어야 한다는 것과 이것을 반드시 지킬 수 있는 습관이 필요하다는 것이다. 위에서 말한 나의 투자방식처럼, 여러분도 자기만의 확실한 필살기를 만들도록 하자.

07

호재와 악재를 보는 기준 : 호재정리

호재의 종류와 이유

이 시장에도 고래들이 들어오면서 호재라는 게 유행처럼 번지기 시작했다. 사실, 호재란 정말 좋은 소식이 있어 자연스럽게 퍼지는 것을 말하지만, 이런 시장에서는 누군가가 가격 상승을 목적으로 의도적으로 만들거나 지어내는 호재들도 많다.

주식을 예로 들면, 최근 몇 년간 휴대전화기 게임 관련주들을 지켜봤는데 하나같이 '중국에 진출한다'는 기사를 이용한다는 것이다. 대부분 게임 관련주들은 시가총액이 적어 변동성이 심하고, 중국에 진출한다는 소리만 있으면 급등한다는 것이다. 사실 내가 아는 한 우리나라 휴대전화기 게임 중 중국에 진출하여 성공한 게임이 없는 것으로 알고 있다(물론 내가 잘못 알고 있는 것일지도 모르지만). 휴대전화기 게임 회사들 대부분은 중국에 진출할 거라는 기사를 호재로 사용했고, 실제로는 진출은커녕 주가가 급등 이후 곤두박질치는 게 대다수였다.

다시 본론으로 돌아와 코인시장에서의 호재에 대해 살펴보겠다.

1 메인넷 런칭(Mainnet Launching)

해당 코인의 충분한 기술력으로 독자적인 네트워크망을 구축하고 지갑과 정식 서비스를 제공한다는 것이다. 이 정도의 코인이라면 사기도 아닐 것이며, 충분히 커갈 수 있는 미래가 있는 코인이라 할 수 있겠다. 예를 들어, 퀀텀 코인은 2017년 9월에 메인넷 런칭을 한 후, 가격이 수직상승 하였고, 지금도 Pos 방식의 대표적인 코인으로 그 가치를 인정받고 있다. 퀀텀처럼, 메인넷 런칭이 되는 코인들 중 옥석을 가려 초기에 투자한다면 수익을 창출할 수 있을 것이다.

2 하드포크(Hard Fork)

하드포크란, 기존 블록체인과 호환되지 않는 새로운 블록체인을 만들어내는 과정을 말한다. 2017년 6월경 비트코인이 블록 용량과 채굴 문제로 하드포크가 되었는데, 그 당시에는 비트코인이 망할지도 모른다는 생각에 가격이 350만 원에서 180만 원으로 급락했었다. 그런데 어느 순간부터 특정 블록에서 비트코인 등을 가지고만 있으면 새로운 코인을 공짜로 나누어주는 에어드랍 방식이 하드포크로 인식되면서 이것이 호재로 여겨지고 있다.

3 에어드랍(Airdrop)

　주로 사용자가 많은 상위 코인을 대상으로 특정 블록에 도달하는 시점의 코인 보유자에게 새로운 코인을 공짜로 나누어주는 방식이다. 이러한 방식을 통해 새로운 코인을 뿌리는 이유는, 처음 만들어진 코인의 경우 네트워크 형성이 필요한데, 이 네트워크망을 한 번에 만들어 내는 게 쉬운 일이 아니기 때문이다. 그런데 만약, 특정 메이저 코인을 통해 보유자에게 에어드랍을 한다면 순식간에 새로운 코인이 홍보되고, 네트워크가 빠르게 형성될 것이므로 에어드랍이라는 방식을 사용하는 것이다.

　예를 들어, 기존 코인인 이더리움 클래식(기존 코인)과 새로운 코인인 칼리스토(CLO, Calisto Netwotk)을 1:1로 에어드랍하겠다는 공지가 있었다면, 예정된 에어드랍 날짜에 이더리움 클래식(기존코인) 보유자들에게, 보유하고 있는 코인의 개수만큼 칼리스토(새로운 코인)를 공짜로 주는 것이다. 만약 공짜로 받은 새로운 코인의 가격이 올라간다면, 그만큼의 공짜 이익을 얻는 것이기에 호재로 작용하는 것이다.

4 소각

　코인 소각은 쉽게 말해서 개발자가 보유 중이거나, 기존에 판매 중인 코인을 다시 사들여 없앤다는 것이다. 그럼 코인을 없앤다는 것이 왜 호재일까? 그 이유는 기존 코인을 없애면, 희소성의 원리에 따라 남은 코인들의 가치가 상승하기 때문이다. 쉽게 말해, 세상에 비트코인이 100개가 있는데 90개로 줄어들면, 남은 비트코인의 가치는 상대적으로 오르는 것이다. 소각은 주주의 가치를 높이려는 방법으로 사용되며, 대표적인 코인에는 아인슈타이늄(EMC2, Einsteinium), 트론(TRX, Tron) 등이 있다.

5 거래소 상장

사실, 현재 코인시장에서 최대 호재라 할 수 있다. '대형 거래소에 상장한다'는 것은, 그만큼 가치를 인정받는다고 생각해도 된다. 여기서 조심해야 할 점은 기존 시가총액 20위 내의 대형 코인들은 이미 여기저기 대형 거래소에서 가치를 인정받고 충분히 가격이 형성된 시점이기에, 또 다른 대형 거래소에 상장된다고 해서 크게 가격 상승이 일어나지는 않는다.

상장 후 가격이 폭등한 코인 중, 에이다(ADA) 코인을 예로 들어 보겠다. 에이다 코인은 2017년 10월 처음으로 업비트에 21.3원에 상장된 후, 2017년 12월 말 986원이 되었다가, 2018년 1월 초에는 1,800원대까지 폭등하였다. 에이다 코인처럼, 거래소에 처음 상장되는 코인 중 옥석을 가려 투자한다면, 엄청난 수익을 창출할 수 있을 것이다.

6 대표의 소통

대표가 투자자와 소통을 잘하는 코인들은 가격 상승이 가파르다. 시가총액 상위권에 있는 몇몇 코인들은 사실, 대표가 직접 투자자들의 모임방 등에서 질의응답도 받고 앞으로의 계획 등에 대해 언급하곤 한다. 이러한 방식도 암호화폐시장에서는 호재로 작용한다.

호재를 호재로만 보지 않는 팁

위에서 언급한 5가지 정도의 호재를 꼭 호재로만 보아서는 안 된다. 그 이유는, 호재에 대한 정보를 알고 구매하려 할 때, 나보다 한발 앞서 미리 알고 매집해둔 사람들이 있기 때문이다. 그렇게 되면, 나는 그들보다 고점에서 매수하는 것이기 때문에, 수익을 내기가 어려워진다. 이는 주식에서도 마찬가지다. 이 바닥에서는 정보력이 힘이고 실력이다. 모든 코인의 공식 일정이나 스케줄, 대표의 개인적인 목표 등은 트위터, 페이스북 등 SNS를 통해 공개되니 참고하도록 하자. 하지만 SNS를 통해 얻은 정보가 남들보다 빠른 것일 수도 있으나, 그 반대인 경우도 있으므로 너무 이것만 맹신하지는 말자.

그럼 이제 호재를 호재로만 보지 말아야 하는 이유에 관해 설명해 보겠다.

1 하드포크(Hard Fork)

개발자들은 이전 버전의 프로토콜에서 심각한 보안상 문제점을 발견했을 때, 또는 소프트웨어에 새로운 기능을 추가하거나 개선하려 할 때 하드포크를 진행한다. 보안상 문제점이 발견되어 하드포크가 일어난 대표적인 예가 이더리움이다. 2016년 6월 해커들은 이더리움 보안의 문제점을 발견하고, 이더(ETH, 이더리움 코인) 약 360만 개를 해킹해 자신들의 전자지갑으로 빼돌렸다(당시 시세로 약 600억 원가량의 도난 사건이 발생한 것이다). 해킹이 발생하자 이더의 가격은 급락했고, 이더리움 재단은 이를 해결하기 위해 2016년 7월 프로토콜을 업그레이드했다. 즉, 하드포크를 진행해 성공한 것이다. 그리고 이 과정에서 이더리움 클래식이 탄생했다.

하지만 요즘은 기존의 문제점을 보완하는 하드포크가 아닌 에어드랍 형식의 새로운 코인 런칭을 하드포크라 칭하며, 이것이 호재로 인식되고 있는데, 이는 굉장히 조심해야 할 부분이다.

예를 들어, 라이트코인(LTC, Litecoin)이 라이트코인 캐시를 하드포크(라이트코인을 보유한 사람들에게 라이트코인 캐시라는 코인을 무료로 배포한다)한다는 내용이 SNS에 올라왔고, 세간의 이목을 집중시켰다. 하지만 이는 곧, 스캠(Scam, 사기)으로 밝혀졌다. 라이트코인 개발자인 찰리 리(Charles Lee)가 자신의 트위터에 "라이트코인 개발팀과 나는 하드포크를 할 계획이 없다"며 "라이트코인과 관련된 하드포크 소식은 모두 스캠이니, 그들에게 절대 개인키를 넘기지 말라"고 주의를 당부하는 트윗을 남긴 것이다.

2 에어드랍(Airdrop)

보통 에어드랍을 할 때 거래소에서는 특정 블록을 공지하고, 그 시점까지 해당 코인을 가지고 있는 사람을 저장하여 그 사람들에게 지분에 맞게 새로운 코인을 지급한다. 이것은 주식의 배당과 같은 방식이다. 주식도 배당을 주는 날까지 주로 주가가 오르고 대부분 배당이 끝나면 권리락이 일어나고 주가는 보통 내려가게 되어 있다. 코인도 마찬가지다. 에어드랍 시점 이후로 대부분 가격이 내려가므로, 에어드랍을 받기 위해서 가격이 이미 많이 올라간 코인을 매수하는 어리석은 일은 하지 말자.

3 소각

사실 소각은 기존 주주, 투자자들이 가진 코인의 가치 상승을 위해 하는 부분인데, 이것이 어느 순간부터 유행처럼 번지면서, 호재로 인식되기 시작했다. 요즘, 많은 개발자가 코인의 일정 물량을 소각하겠다고 밝혔는데, 잘 따져보고 투자해야 한다. 왜냐하면, 코인 소각과 관련된 스캠(사기)들도 종종 있기 때문이다.

지금까지 호재의 종류와 호재를 호재로만 보지 말아야 할 이유에 대해 살펴보았다. 분명, 이 시장에는 호재를 이용해 가격 상승을 꾀하는 세력들이 있기 때문에 호재라고해서 그대로 받아들이고, 무리하게 투자하는 것은 절대 금물이다. 호재도 반드시 잘 따져보고 판단해야 한다.

08

ICO(Initial Coin Offering : 암호화폐 공개)

ICO는 매력적인 투자 방식,
준비는 철저히, 접근은 신중히!

ICO(암호화폐 공개)를 검색해보면, <한경경제용어사전>에는 다음과 같이
정의되어 있다.

사업자가 블록체인 기반의 암호화폐 코인을 발행하고 이를 투자자들에
게 판매해 자금을 확보하는 방식이다. 코인이 가상화폐 거래소에 상장되
면 투자자들은 이를 사고팔아 수익을 낼 수 있다. 투자금을 현금이 아니
라 비트코인이나 이더리움 등의 가상화폐로 받기 때문에 국경에 상관없
이 전 세계 누구나 투자할 수 있다.

덧붙이자면, ICO는 주식에서 비상장 주식을 사는 것과 비슷하다고 보면 된다. 이는 굉장히 매력적인 투자 방법이기에 2017년 총 ICO 규모는 약 37억 달러(약 4조 원)로 급등했고, 이는 비상장주식(IPO)의 1/10일에 해당하는 금액이다. 이처럼 전 세계적으로 ICO는 트렌드이고, 암호화폐 개발을 위해서 필요한 부분인데, 우리나라는 2017년 9월부터 ICO를 금지하고 있다. 이것은 국내 암호화폐시장에서 가장 아쉬운 부분 중 하나이다.

암호화폐를 개발하려면 돈이 필요하다. 사무실을 구해야 하고, 개발자를 영입해야 한다. 홍보도 해야 하고 유지 관리비도 들어간다. 이 부분을 사업자들은 ICO 활동을 통해 모금한다. 대부분의 ICO는 약 200~300억 원 정도의 금액이 모금된다. 이러한 활동이 없이는 사실상 코인 개발이 불가능하다. 이런 과정을 현 정부에서 막고 있다는 게 조금 답답하다. '우리나라도 ICO를 권장하고 밀어주었다면 세계적으로 인정받는 코인들이 탄생할 수도 있었을 것이라'는 아쉬움이 남는다.

ICO 투자를 하기 전 알아둬야 할 점은, 대부분의 ICO가 기부(donation) 형식으로 이루어진다는 것이다. 따라서 투자를 하기에 앞서 모든 책임은 투자자 본인에게 있음을 알아야 한다. 또한, 이는 만들어지지 않은 코인에 투자하는 방식이기 때문에 예측할 수 없는 여러 가지 위험성을 내포하고 있다. 따라서 ICO에 투자할 때에는 신중을 기해야 하는 것이다.

다시 말해, ICO 투자는 기부형식의 투자이므로, 망해서 정작 본인이 받는 결과물이 없다 한들 누구에게 책임을 물을 수도 없다. 실제로, 다단계와 사기가 목적이 아닌, 개발을 목적으로 자금을 조달한 후 피치 못할 사정으로 망하게 된 코인들도 꽤 있는데, 이 경우에도 손해는 본인 스스로 감당해야 한다.

이처럼 ICO는 굉장히 매력적인 투자 방법이지만, 항상 장밋빛 미래만을 선사하는 것은 아니다. 아무런 지식도 없이, 공부도 하지 않고 돈이 된다는 이유로 섣불리 투자하면, 그걸 이용해서 사기를 치는 사람들에게 당할 수도 있다. 그러니 ICO 투자를 하려면 공부를 많이 해서 철저히 준비하고, 신중에 신중을 기하도록 하자.

ICO 투자를 위해 알아야 할 점

1 백서(White Paper)

가장 중요한 부분이다. 백서란, 개발을 목적으로 하는 코인의 가치, 목적, 로드맵, 개발진 등 모든 것을 풀어둔 보고서이다. 일종의 사업계획서라고 생각하면 되겠다. 만약 내가 어떤 사업에 투자한다면, 사업계획서도 읽어보고, 누가 하는지도 알아보고, 사업내용도 충분히 알아본 뒤에 '이건 되는 사업이다. 믿을만한 사람이다'는 판단이 서야 투자를 할 것이다. ICO 투자도 마찬가지다.

ICO 투자뿐만 아니라 성공적인 암호화폐투자를 하기 위해서는, 이 백서를 꼼꼼하게 봐야 한다. 서론에서 짧게 언급하였지만, 요즘에는 많게는 수백, 수천, 수억 원의 돈을 투자하면서 그 코인이 무엇을 하기 위해 개발된 코인인지, 어떻게 사용되는지, 개발진은 누구인지 등 해당 코인의 기본 정보조차 모르면서 그냥 남이 하니 따라 하는 사람들이 많이 있다. 이러한 잘못된 투자를 하지 않기 위한 가장 좋은 방법은 백서를 읽어 보는 것이다. 물론 백서에 써진 내용은 이해가 쉽지 않을 것이다. 블록체인, 코인 자체가 전혀 접해보지 못했던 신기술이라 웬만한 대학 논문 읽는 것만큼 어려울 것이다. 하지만 피 같은 내 돈을 잃지 않기 위해서는 반드시 백서를 숙지하여야 한다.

이 시장에 밝은 지인 중 한 사람이 자신이 투자 중인 코인에 대해서는 백서를 100번씩 읽는다고 했다. 나 역시 마찬가지이다. 그래야 해당 코인의 활용성, 사업성, 현실 가능성, 환금성 등을 알 수 있고, 본인의 투자에 관한 믿음이 생겨 인내심을 가지고 장기투자를 할 수 있다고 하셨다.

만약 여러분이 ICO에 투자 혹은 이미 만들어진 코인에 투자할 때에는 먼저 백서를 꼼꼼히 숙지하고 투자하도록 하자. 만약 '해당 코인은 무엇을 목적으로 하는 코인이다. 누가 개발한다. 언제까지 무엇을 하겠다'에 대해 전혀 알려지지 않은 코인이 있다면, 다시 말해 백서조차 없는 코인이 있다면, 그런 코인에는 절대 투자하지 말자. 그것은 그냥 사기라고 보면 된다. 백서가 없는 코인은, 사업계획서 없이 무조건 투자하라는 것과 같은 말이다. 사업에 투자하라고 하면서, 사업계획서가 없다는 것은 어불성설이다.

2 공개된 ICO 투자인지 확인

국내에서 사기를 목적으로 불법 모금을 하는 코인들이 몇 개 있다. 그 중 대표적인 것인 '원코인'인데, 이와 관련된 신문기사를 살펴보겠다.

"1원짜리 석 달 뒤 2백 원", 노인들 쌈짓돈까지 노린 한탕주

1월 11일 금융감독원과 투자자 등에 따르면 원코인은 국내에서 피해가 많은 유사 코인으로, 수사당국이 수사 중이지만 피해자가 계속 발생하고

있다. 김상록 금감원 불법금융대응단 팀장은 "지난해부터 이 코인에 대한 피해 접수가 이어져 부산과 충북 청주 지역을 중심으로 검찰에 수사를 의뢰했으나 지금도 피해신고가 접수되고 있다"며 "다단계 판매수법을 쓰는 사기로 보고 있다"고 밝혔다.

이 코인 판매업자들은 코인에 대한 프로그램 소스를 외부에 공개하지 않은 채 '거래소에 상장하면 돈을 벌 수 있다'는 말로 투자자를 모집하는 것으로 알려졌다. 비트코인 등 가상통화 거래소에서 거래되는 코인은 코드가 공개돼 가상통화의 총 발행량을 알 수 있지만, 코드가 공개되지 않으면 발행량 확인이 안 돼 조작 가능성이 높은 것으로 전해졌다.

[김규태 기자, 2018. 1. 11일자 〈파이낸셜 뉴스〉

'1원짜리 석 달 뒤 2백 원, 노인들 쌈짓돈까지 노린 한탕주']

위의 기사에서 알 수 있듯이, 외부에 공개하지 않는 ICO 투자는 사기일 확률이 높다. 구글이나 네이버에 검색해보면 공개 ICO 리스트를 알려주고, 일정까지 알려주는 사이트들이 몇 개 있다. 대부분 정상적인 코인이라면, 이러한 공개 ICO를 알려주는 사이트에 등재되어 일정에 맞게 모금이 진행된다. 투자하고 싶은 코인이 있다면 최소한 여기에 올라와 있는지 정도는 확인해 보고 투자하자.

09

절대 금지 : 리딩, 단타방, 펌핑방, 상장

리딩방, 단타방

코인투자를 시작하는 대부분 사람은 아무것도 모르는 상태에서 투자를 시작한다. "아무개는 코인투자로 강남에 집을 샀다더라, 누구는 연봉에 몇 배 되는 수익을 올려 퇴사를 하고, 코인투자에만 올인한다더라." 이러한 말들이 평범한 사람들을 현혹한다.

하지만 막상 코인투자를 시작하면 막막하다. 그리고 사용하는 용어들은 낯설고, 정보를 어디서 얻어야 하는지도 모르겠고, 무작정 투자를 하려니 두렵다. 그래서 소위 말하는 '리딩방', '단타방'에 들어가는 것이다. 하지만 리딩방, 단타방을 통해 투자해서 손해를 보는 사람들도 많다. 그 이유는 리딩해 주는 사람들 대부분이 특별한 근거 없이 코인을 추천하고 있기 때문이다. 그들은 코인에 대한 전문적인 분석 없이 주로 차트나 거래량을 보고 얼마가 되면 사고, 얼마가 되면 팔고 하는 식으로 추천한다. 이러한 반전문가들이 만든 단체 톡방에서는 조금만 벌면 바로 털고 나오는 식의 매매를 지시하기 때문에 대부분이 단타로 거래가 이뤄진다. 그리고 대체로 처음에는 무료로 운영하다가, 결국 유료로 전환하여 운영하는 경우가 많다.

또 다른 문제는 투자에 실패했을 시 누구도 책임을 지지 않는다는 것이다. 방에 초대된 사람들은 방장에 대해 아는 것이 없다. 방장의 이름과 나이 성별 등에 대해 공개를 하지 않기 때문이다. 그래서 방장이 추천한 코인을 샀는데 손해를 봐도 그 어디에 하소연할 데가 없다.

지인 중에 코인투자로 최근 수백만 원을 날렸다. 그가 돈을 날린 것은 얼마 전 그의 직장 동료가 한 모바일 메신저의 코인 관련 단체 톡방에 그를 초대한 이후부터였다. 그는 방장이 추천해준 코인을 단기로 매매하다 손해를 봤다. 처음에 단타로 몇 번 이득을 봐서 더 큰돈을 끌어다 크게 투자했는데 순식간에 매도가 하락하는 바람에 투자금의 상당 부분을 날린 것이다. 큰돈을 날렸지만, 방장은 정보만 제공하고, 투자를 강요한 것이 아니었기 때문에, 그는 손해를 오롯이 혼자 감수해야 했다.

여러분이 내 지인처럼 방장의 말만 믿고, 투자하는 어리석은 일은 하지 않길 바란다. 다만, 투자하려는 코인의 기술적인 정보나 향후 발전 가능성에 대한 정보를 리딩방에서 일부 얻는 것은 나쁘지 않다고 생각한다. 왜냐하면, 방장들도 남에게 정보를 흘리기 위해서 해당 코인에 대해 나름 공부를 하기 때문이다. 하지만 이 정보들도 너무 맹신하지는 말고, 판단하에 받아들이도록 하자.

앞에서도 언급했지만, 사람마다 투자 기법이 다르기 때문에 절대 현혹되어서는 안 된다. 또한, 규모가 큰 전문 리딩방이나 단타방에서는 분명 우리에게 정보를 주기에 앞서 큰손들이 이미 매집을 한 상태에서 해당 종목에 대해 정보를 흘리는 경우가 대다수이므로 절대 여기에 혹해서는 안 된다.

펌핑방

2018년 1월 6일 SBS <그것이 알고 싶다>에서는 '新 쩐의 전쟁 - 비트코인' 편이 방송되었다. 이날 방송에서는 펌핑방(특정 종목을 언급하여 단기간에 시세를 상승시키는 방식) 투자를 통해 7천만 원의 피해를 입은 한 사례자의 사연이 소개되었다. 그는 "부장(운전수)이라는 사람이 이 채팅방을 끌고 간다. 200원 정도였던 코인이 800원, 1,000원, 2,000원, 3,900원, 10,000원까지 무섭게 치고 올라간다. 그러다가 어느 순간에 30초 만에 다시 가격이 무섭게 떨어진다"고 말했다. 이어 "하지만 미세하게 뭔가 안 맞는 것 같았다. 알고 보니 무섭게 치고 올라간 것은 포토샵으로 조작한 거짓이었다"고 말했다.

펌핑방에서 낮은 가격에 코인을 산 뒤 높은 가격에 팔아 고수익을 실현한 이들은 속칭 '운전수'라 불린다. 반면 높은 가격에 내놓은 코인을 산 후 가격이 급락해 큰 손해를 본 투자자는 '시체'라고 부른다. 운전수들은 자신들이 일부 큰손을 이용해 의도적으로 코인 단가를 높일 수 있다고 주장하며 사람들을 현혹시키고, 심지어 포토샵으로 조작하기도 한다. 이에 현혹된 사람들은 고점에서 코인을 구매하게 된다. 가격은 계속 올라가는 것처럼 보이다가 몇 분, 아니, 몇 초 이내에 폭락한다. 미끼를 물어버린 사람들은 피 같은 투자금을 날리는 것이다. 잊지 말자! 아무런 근거 없이 한탕을 목적으로 하는 투자는 위험하다. 펌핑방에 빠지면 여러분도 시체가 될 수 있다.

신규 코인 상장

흔히 주식에서 어느 한 종목이 상장한다고 하면, 이 종목은 일정 기간 높은 상승세를 보인다. 주식은 크게 상장 주식과 비상장 주식으로 나눠 볼 수 있는데, 이 부분은 제4장 주식투자에서 상세히 알아보도록 하고, 여기서는 코인 상장에 대해 알아보도록 하겠다.

코인 상장은 주식 상장과는 많이 다르다. 각각의 코인은 국내와 해외의 수많은 거래소에서 각각 상장되어 거래된다. 예를 들어, 국내 A라는 거래소에 B라는 코인이 상장한다고 하면, 이미 해외나 국내 다른 거래소에 B라는 코인이 거래되고 있는 경우가 대다수이다. 상장 방식 또한 다른데, A라는 거래소가 거래를 일으키고 매매 호가를 만들 수 있을 만큼의 코인을 보유하고 있지 않을 경우, 미리 지갑을 오픈(Open)하여 매도를 할 수 있게끔 하여 준다. 많은 사람은 코인이 상장되기만 하면 가격이 2배, 3배씩 올라간다고 알고 있다. 하지만 이는 사람들이 흔히 하는 착각이다. A라는 거래소에 B 코인이 상장된다는 것만으로는 약간의 시세 상승을 기대해 볼 수는 있지만, 이 이유만으로 가격이 2배, 3배 상승하지는 않는다.

그러면 어떤 경우에 A라는 거래소 상장이 호재로 작용해 2배 혹은 3배의 가격 상승이 일어나는 것일까? 이를 위해서는 B라는 코인을 A 거래소 말고도 기존 해외거래소나 국내거래소들에서 이미 거래하고 있어야 한다는 선결 조건이 충족되어야 한다. 뒤에서 말하겠지만, 그래야만 코인을 통한 재정거래가 가능해지기 때문이다.

즉, B 코인을 신규 상장한 A 거래소의 B 코인 가격이 가장 비싸다면, 사람들은 기존 다른 거래소에서 B 코인을 싸게 구매한 후, B 코인이 가장 비싸게 거래되는 A 거래소에서 이를 다시 팔아 시세차익을 남길 것이다. 하지만 대다수 사람은 아직도 이 사실을 정확히 알지 못하고, 상장되기만 하면 가격이 급등할 거라고 믿고 있다.

다시 말하자면, 신규 코인 상장이 호재로 작용하는 핵심은 '내가 가진 코인을 다른 거래소에서도 똑같이 살 수 있고, 다른 거래소에다가 팔 수 있다는 것이다.' 하지만 앞서 말했듯, 대다수의 사람은 이러한 암호화폐의 기본 생태계와 재정거래에 대해 알지 못하고 투자를 하고 있기 때문에 수익을 내지 못하는 경우가 많다. 만약 모든 사람이 이러한 핵심을 알고 투자를 한다면, 분명 좋은 수익을 낼 수 있을 것이다. 나는 이러한 핵심을 알고 있었기에 신규 코인 상장을 이용한 재정거래를 통해 큰 수익을 낼 수 있었다.

예를 들어 설명해보겠다.

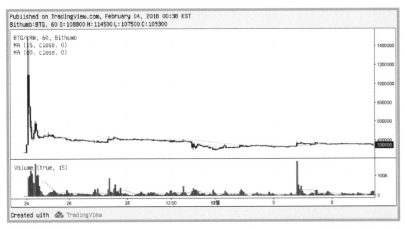

[비트코인골드의 빗썸거래소 가격 차트]

위의 차트는 실제 비트코인골드(BTG)의 빗썸거래소 가격 차트이다. 11월 24일 빗썸이라는 국내거래소에 처음으로 비트코인골드가 상장되었다

(물론 비트코인골드[BTG]는 해외거래소에서는 이미 거래 중이던 코인이었다). 차트의 가장 앞쪽을 보면 BTG의 상장 당시 가격이 140만 원이 넘어가는 것을 볼 수가 있다. 당시 해외거래소(비트렉스나 바이낸스)에서는 BTG가 30만 원대 금액으로 거래되고 있었음에도 불구하고, 빗썸에서는 무려 2시간 이상 100만 원이 넘는 금액으로 거래된 것이다.

이러한 현상을 보면서 여러분은 어떤 생각이 드는가? 여러분이 재정거래나 암호화폐에 대한 개념을 가지고 있다면 이런 생각이 들 것이다. '지금 당장 해외거래소에 국내에서 산 비트코인을 송금해야겠다(그 나라의 통화로 돈을 입금하면 좋겠지만, 그것이 불가능하기 때문에 비트코인으로 송금해야겠다). 그 뒤에 해외거래소에 송금된 비트코인으로 비트코인골드를 30만 원대로 사서, 이를 빗썸으로 옮겨와 100만 원대로 팔아야겠다!'

실제로, 여러분처럼 생각하고 이를 행동으로 옮긴 적지 않은 사람들이 있었다. 그리고 그들은 이날 아래의 과정을 상장 후 2시간 동안 몇 차례 반복하여 엄청난 수익을 올렸다.

1 송금이 가장 빠른 코인을 외국으로 보낸다.

2 송금한 코인을 비트코인으로 교환한다.

3 교환한 비트코인으로 비트코인골드를 구매한다.

4 구매한 비트코인골드를 빗썸으로 송금 후 매도하여 시세차익을 남긴다.

나 역시 이런 과정을 2시간 동안 3차례 반복해 꽤 많은 수익을 올렸다. 실제 이런 송금 과정을 체험해본 사람이라면 2시간이면 3번 정도는 충분히 반복할 수 있다. 이제 와 한 가지 아쉬운 점은 만약 내가 1억을 투자했더라면 10억 이상의 수익을 남겼을 거라는 것이다. 실제로 내 주변의 씨드가 넉넉한 사람들은 이날의 투자를 통해 그 정도의 수익을 남겼다.

그럼 거래소마다 이렇게 큰 가격 차가 발생하는 이유는 무엇일까? 바로 투자자들의 무지 때문이다. 대부분의 투자자, 즉 상장하면 기본 2~3배씩 오른다는 사실만 알고 해외거래소와의 시세차이를 통해 수익을 낼 수 있다는 사실을 모르는 사람들이 본의 아니게 코인 가격을 터무니없이 올리게 되는 것이다. 그런데도 그들은 '더 올라가겠지? 상장했는데!'하는 생각에 고점에 서라도 계속 매수를 하게 되고, 결국 시세차이는 점점 커지는 것이다.

만약 대부분 투자자가 비트코인 골드의 해외 시세가 30만 원이라는 것을 알고 있다면, 그들이 과연 빗썸에서 140만 원을 주고 똑같은 비트코인 골드를 사겠는가? 아마 절대 사지 않을 것이다. 정말 하나만 알고 둘은 모른다. 스튜핏이다! 위와 같은 현상은 비트코인 골드뿐 아니라 다른 코인에서도 볼 수 있다.

또 다른 예를 들어 보겠다. <연합뉴스> 뉴스 일부를 발췌했다.

상장 첫날 가상화폐 가격 99% 급락?… '묻지마 투자' 폐해

14일 업계에 따르면 국내거래소인 고팍스에서 이달 12일 오후 11시 30분 새로 상장된 가상화폐 시빅과 이니그마의 가격이 순식간에 99%나 급락하는 일이 벌어졌다.

고팍스에서 시박과 이니그마 거래가 가능해지자 투자자들이 시빅의 가격을 180만 9천9백 원에, 이니그마는 181만 원에 내놓았고, 다른 투자자가

그 가격에 해당 가상화폐를 샀다.

이후 5분도 안 대 시빅은 1천6백 원으로, 이니그마는 1만 8십 원으로 급락했다. 하락률이 시빅은 99.9%, 이니그마는 99.4%나 됐다.

두 가상화폐의 시세가 이처럼 급락한 것은 애초 투자자들이 시세 확인을 하지 않은 채 비정상적으로 높게 가격을 덜컥 받았기 때문이다.

거래소에서 가상화폐가 상장되면 상장 가격은 매수·매도자들의 거래로 결정된다. 거래소는 상장 가격에 개입하지 않는다.

[2018. 1. 14일자 〈연합뉴스〉 '상장 첫날 가상화폐 가격 99% 급락?… "묻지마 투자" 폐해']

이것 또한 실제 고팍스이라는 국내거래소에서 있었던 일인데, 거래소의 개입 없는 매수·매도자의 정상적인 거래였지만 위와 같은 일들이 발생했다. 이 또한 투자자들이 새로 상장되는 코인의 적정가격을 해외 다른 거래소들과 비교해보지 않고, 상장 호재만 믿고, 터무니없는 가격에 매수했기 때문에 벌어진 현상이다.

특이하게도 대다수 국내거래소는 소수의 암호화폐만을 거래시키고 있다. 또한, 거래소들은 하나씩 하나씩 종목을 늘려가고 있는데, 모든 종목이 상장될 때마다 위와 비슷한 양상을 보인다. 적게는 20~30%에서, 많게는 300~500%까지도 해외와 시세차이가 나는 것이다. 이런 현상은 앞으로도 계속될 것 같다. 제발 이 책을 읽는 독자들은 신규 코인 상장과 재정거래의 개념에 대해 이해하여 수익을 낼 수 있는 현명한 사람들이 되길 바란다.

　　　 / 　젊어부자의 재테크 특강 직장인 부자 되기

상장 코인 매수·매도 시 팁

신규 코인 상장과 재정거래에 대해 충분히 알고 투자하는 사람들도 간혹 실수하는 부분이 있어, 잠시 짚어 보고 가겠다.

위에서 첫 번째 예로 든 빗썸의 비트코인골드 같은 경우는 정말 아는 사람은 안 하는 실수라 치지만, 두 번째 예로 든 고팍스의 시빅이나 이니그마 같은 경우에는 종종 알고도 실수하는 경우가 있다. 보통 상장될 때 단기간(약 5분) 내에 최고가가 형성되기 때문에 빠른 시간에 사고팔려다 보면 매수, 매도를 반대로 하는 경우가 종종 생기는 것이다.

또한, 거래소마다 매수·매도하는 방식이 다르기도 하고, 특정 거래소들은 웹페이지를 리프레쉬할 경우 매도에 있던 커서가 매수로 옮겨가 있는 경우도 있는데, 이런 경우 급하게 매도를 하려고 시장가 매도를 눌렀지만, 알고 보니 시장가 매수가 되는 경우가 발생하는 것이다. 만약 원화 잔금이 남아 있는 상태라면 분명 180만 원에 매도하려고 올린 주문이 180만 원에 매수가 되는 끔찍한 사태가 발생하는 것이다.

그래서 충분히 알고 있는 사람일지라도 항상 매매할 때는 내가 하는 게 매수인지 매도인지 두 번 세 번 체크하는 습관을 지니도록 하자.

암호화폐 핵심 요약

1 반드시 블록체인이 무엇인지, 암호화폐가 무엇인지 개념 정도는 알고 투자를 하자.

2 자신이 투자하고자 하는 암호화폐의 백서는 꼭 읽어 보고 해당 코인의 목적을 알자.

3 암호화폐를 보유하는 방법에는 채굴, 거래소 구입, ICO 투자 구입의 3가지가 있다.

4 채굴, ICO에는 불법 다단계, 사기가 엄청나게 성행하고 있다. 반드시 사기를 판단할 수 있는 지식을 가지자.

5 내가 사고자 하는 코인은 반드시 다른 거래소에서도 살 수 있다. 충분히 이곳저곳 시세를 비교해보고 사도록 하자.

6 호재를 호재로만 보지 말자. 이미 나보다 먼저 호재를 알아차리고 선점한 누군가가 있다. 또한, 거짓 호재도 엄청나게 많다.

7 자신만의 트레이딩 방식을 만들자.

8 절대 조급하게 투자하지 말자.

9 국내거래소에는 수동 송금 거래소가 많다. 내 돈을 내가 입금 출금하려는데 승인을 거쳐서 하게끔 되어있는 셈이다. 이런 거래소는 필히 거르자.

10 단기간 투자 수익을 내는 게 목적이 아니라 정말 장기로 투자하겠다 하면 반드시 개인 지갑을 사용하도록 하자.

11 암호화폐시장에서 가장위험 한 것 중 하나가 해킹이다. 거래소를 이용한다면 반드시 OTP를 사용하여 2중으로 방어하자.

젊어부자의 재테크 특강

직장인 부자되기

제 3 장　부동산투자

회사의 대리님들, 심지어 과장님들 중에서도 상당수가 아직 전세에 살고 있었으며, 그들은 밥을 먹을 때도, 휴상가나 오피스텔 등의 부동산과는 달리 아파트나 주택 등은 투자와 재테크의 측면에서만 접근해서는 안 된다. 집은 사치재가 아닌 필수재로, 우리가 삶을 영위하는 필수적 공간이다. 따라서 재테크라는 단일한 목적으로 투자에 접근하지 않도록 하자.

종잣돈 없이 부동산투자는 불가능한 걸까

적은 돈으로도
부동산투자를 시작할 수 있다

일반적으로 부동산에 투자할 때에는 먼저 큰돈이 준비되어 있어야 한다고들 흔히 이야기한다. 부동산이 일반적으로 거래되는 다른 재화에 비해 비교적 비싼 가격적 특성을 지닌다는 것에서 출발한 생각인데, 이와 관련해서는 실거주를 목적으로 하든지, 투자를 목적으로 하든지 상관없이 사회 통념처럼 인식이 굳어져 있다.

그러나 이것은 잘못된 생각이다. 만약 큰돈 없이 부동산투자가 불가능하다면, 우리나라에서 부동산을 취득하는 일은 일부 부자만이 행할 수 있는 매우 어려운 일일 것이다. 그러나 현실은 그렇지 않다. 우리에겐 큰돈이라는 종잣돈 없이도 부동산에 투자할 수 있는 다양한 방법들이 있다.

예를 들어, 부동산투자의 한 방식인 갭 투자의 경우에는 매매가에서 전세가를 뺀 정도의 금액만을 가지고 부동산투자를 시작해볼 수 있으며, 분양 아파트에 투자하려 한다면 해당 분양 아파트의 계약금 10% 정도만 있어도 투자를 시작할 수 있다.

갭(Gap) 투자

갭 투자란, 우리나라만 독특하게 존재하는 전세제도를 이용하는 투자의 한 방식이다. 매매가와 전세가의 차이가 크지 않은 부동산의 경우 매매가와 전세가의 차익에 해당하는 적은 돈으로 해당 부동산을 매입할 수 있다는 점을 이용해 투자하게 된다. 일반적으로 서울의 평범한 아파트의 경우에는 전세가가 매매가 대비 평균 70~80% 정도를 유지하는데, 따라서 해당 차익에 해당하는 매매가 기준 20~30%의 가격 정도에 해당 아파트를 매입할 수 있다. 이후 부동산의 가격이 오르면 시세차익을 얻고 매도하여 투자 수익을 올릴 수 있다.

분양 아파트

우리나라의 경우 건설되는 아파트의 대부분은 선분양제도를 취하고 있다. 선분양제도는 건설사가 주택건설자금 확보를 용이하게 할 수 있도록 해 주택공급을 원활히 할 수 있도록 한 제도로 주택 완공 전 분양을 실시하고 입주자에게 계약금과 중도금 등을 통해 분양가의 80% 정도를 납부토록 한다. 선분양제도는 제도적 특성상 해당 건설사나 시공사 등을 통해 확보할 수 있는 일정 정도의 신뢰성을 제외하면 모델하우스를 확인하는 정도가 해당 아파트에 대해 유일한 확인 수단이 되는 한계를 가진다. 즉, 아직 짓지도 않은 아파트를 수억 원 이상을 호가하는 가격을 지불하면서 보지도 않고 사게 되는 것이다. 이 밖에도 미분양에 따른 건설사의 부도, 공사 중단 등 선분양제도는 여러 가지 문제점을 안고 있다.

그러나 투자와 재테크의 관점에서 보면 선분양제도는 여러 가지 투자 이점을 가진다. 먼저, 앞서 잠시 이야기했듯이 아파트 청약에 당첨되면 계약일 30일 전후로 분할해 납부 가능한 10%의 계약금만으로도 분양 아파트에 투자할 수 있고, 이후 분양권 전매 등을 통해 분양권 프리미엄을 붙여 투자 수익을 올릴 수 있다. 이밖에 아파트 완공 후 매매를 목적으로 하거나 실거주를 목적으로 하는 경우에도 분양가 전액을 일시에 마련해야 하는 후분양제와 비교해 2~3년에 걸쳐 중도금 등을 납부할 수 있기 때문에 자금 여력이 충분하지 않은 경우 이점으로 작용할 수 있다.

여기까지, 큰 종잣돈 없이도 투자할 수 있는 몇 가지 방법에 대해 간단히 살펴보았다. 물론 부동산에 관련해서도 상가, 경매, 빌딩, 재건축 등 투자 대상과 투자 방법은 다양하다. 그러나 앞서 밝혔듯 나는 알뜰살뜰 월급을 모아 투자를 하는 직장인으로 이 책을 보는 대다수 독자와 같은 입장에서 직장생활을 하면서 투자 가능한 방안들에 대해 주로 다뤄보려 한다.

부동산투자
언제부터 시작하는 것이 좋을까

이 물음에 답을 하기에 앞서, 질문 하나를 먼저 하려 한다.

Q. 현재 직장생활을 하면서 여러분은 일 년에 얼마씩 저축하고 있을까?

나의 경우 한 달에 150만 원 정도를 저축하고 있다. 물론 정말 아끼고 아껴 저축하는 금액이다. 평범한 직장인이 150만 원 정도를 저축하기 위해서는 정말 많은 욕구를 절제해야 가능하다. 먹고 싶고 사고 싶은 욕구를 못 본척한 적이 한두 번이 아니다. 그나마도 회사에서 중식비가 제공되고, 교통비가 따로 들지 않고, 특별한 고급 취향의 취미가 없는지라 저축을 함에 있어 도움이 되는 조건에 놓여있다.

3040 미혼 직장인의 경우 나와 비슷하게 저축을 하거나 그보다 적은 금액을 저축하고 있는 것으로 보인다. 2018년 신한은행에서 발표한 '보통사람 금융생활 보고서'에 따르면 소득구간별로 월 소득 400만 원 이상 직장인의 경우에는 156만 원을 저축에 사용하며, 월 소득 300만 원 이상 직장인의 경우에는 100만 원을, 월 소득 240만 원 이상 직장인의 경우는 76만 원 등으로 각각 소득대비 24.1%, 31.0%, 29.9%를 저축에 사용하고 있다. 이런 식으로 매달 저축을 하게 되면 1년에 1,000~2,000만 원가량을 저축할 수 있게 된다. 물론 한창 가정을 꾸릴 시기인 3040 미혼 직장인에게 있어 턱없이 부족한 금액이다. 주택을 장만하기 위해 소요되는 자금이 워낙 큰 탓이다.

3040 미혼

가구총소득		소득 운용 현황		보유자산 및 부채 현황			
소득 1구간 하위 20% ~170만원	평균 **114**만원	소비 부채상환 저축 잉여자금	62만원 (54.4%) 16만원 (14.0%) 28만원 (24.6%) 08만원 (07.0%)	**6,693**만원 2,658 금융	2,799 부동산	1,236 기타	833 부채잔액
소득 2구간 하위 20% ~220만원	**198**만원	소비 부채상환 저축 잉여자금	96만원 (48.5%) 19만원 (14.0%) 55만원 (24.6%) 28만원 (14.1%)	**8,762**만원 2,410 금융	4,591 부동산	1,761 기타	1,186 부채잔액
소득 3구간 하위 20% ~300만원	**254**만원	소비 부채상환 저축 잉여자금	118만원 (46.5%) 25만원 (09.8%) 76만원 (29.9%) 35만원 (13.8%)	**13,386**만원 3,567 금융	7,803 부동산	2,016 기타	1,590 부채잔액
소득 4구간 하위 20% ~400만원	**323**만원	소비 부채상환 저축 잉여자금	145만원 (44.9%) 35만원 (10.8%) 100만원 (31.0%) 43만원 (13.3%)	**17,088**만원 5,264 금융	9,689 부동산	2,135 기타	2,178 부채잔액
소득 5구간 상위 20%	**648**만원	소비 부채상환 저축 잉여자금	250만원 (38.6%) 41만원 (06.3%) 156만원 (24.1%) 201만원 (31.0%)	**34,980**만원 10,483 금융	21,539 부동산	2,958 기타	2,623 부채잔액

[신한은행, 2018 보통사람 금융생활 보고서]

　　나이가 나이인지라 주변의 경우 결혼 등의 이유로 한창 집 보러 다니는 사람들이 많다. 그리고 서울 등 수도권에서 집 보러 부동산을 여러 군데 돌고 온 주변 사람들의 반응은 늘 한결같다. 한숨만 나온다는 것이다. 그렇게 마음에 들지는 않았지만, 조건이 그나마 맞았던 아파트는 1주일 새 팔리거나 주인이 매물을 거둬들였다는 이야기, 지난주까지만 해도 관심도 가지지 않았던 아파트가 2천만 원이나 올랐다는 등 심심치 않게 들려오는 이야기들은 녹녹하지 않은 답답한 현실을 고스란히 나타낸다. 참 아이러니하고 불합리한 현실이 아닐 수 없다. 1년을 애써 저축해 2천만 원 정도를 마련했더니 같은 집이 1주일 만에 2천만 원이 오르다니. 오히려 1주일이라는 시간의 경과로 아파트가 조금이라도 노후되어 감가상각이 되지는 못할망정 내가 1년을 짜내듯 모은 금액만큼 뛰어 버리다니.

다시 질문으로 돌아와, '언제부터 부동산투자에 뛰어드는 것이 좋을까?'
에 대한 답이 궁금하다면 먼저 인터넷에 접속해 서울의 아파트 시세를 쭉
훑어보기를 권해본다.

현재 자신이 사는 동네든 아니면 자신이 살고 싶은 곳이든 몇 곳을 정하여 시세를 메모하고 주기적으로 시세를 체크할 수 있도록 해 보자. 시세 체크는 국토해양부에서 제공하는 아파트 실거래가 확인이나 포털 사이트에서 매도호가를 참고할 수 있다.

이 과정을 얼마간 거치다 보면, 여러분은 느낄 수 있게 된다. 여러분이 모르는 사이 내가 저축하고 있는 금액보다 훨씬 뛰고 있는 아파트 시세를 보며 점차 깨닫게 되는 것이다. 물론 투자에 정답은 없지만, 부를 축적하기 위해서는 투자에 빨리 눈을 뜨는 것이 좋다는 것을 말이다. 투자를 시작한다는 것은 곧 재테크에 관심을 가지고 실천하기 시작했다는 것을 의미하기 때문이다.

빚테크도 전략이다

좋은 대출 vs 나쁜 대출

빚도 능력이라는 이야기가 있다. 대출을 받기 위해서는 소득이나 신용등급, 담보 등을 확인하는 절차를 거치기 때문에 어느 정도의 대출을 받을 수 있느냐를 통해 그 사람의 능력을 알아볼 수 있다는 것이다. 따라서 이 능력을 어떻게 활용할 수 있는지에 따라 받은 대출이 좋은 대출이 될 수도, 나쁜 대출이 될 수도 있다.

물론, 이 논의에 앞서 대출 자체에 대해 거부감이나 불안함을 갖는 이들이 있다면 이 부분은 그냥 지나쳐도 좋다고 이야기하고 싶다. 사람에 따라 조금의 대출에도 불안함을 느끼고 거부감을 느낄 수 있으며 매번 이자를 낼 때마다 극심한 스트레스에 시달릴 수도 있다. 재테크도 돈도 모두 행복을 위한 수단일 뿐이다. 행복하기 위해 하는 일 때문에 불행해지는 일은 없기를 바란다.

좋은 대출과 나쁜 대출을 구분하기 위해서는 먼저 대출의 목적과 양태를 살펴볼 필요가 있다.

나쁜 대출이란 대표적으로 카드값처럼 소비지출 등으로 인해 만들어진 빚이나 그 빚을 갚기 위해 대출이 반복되는 경우 등을 지칭한다. 즉, 내 자산을 감소시키는 대출을 말한다. 나쁜 대출의 경우 재테크에 있어 불필요한 목적을 위해 비싼 이자를 지불해야 하며, 따라서 다른 어떤 빚보다 먼저 갚아야 한다.

이와는 반대로 좋은 대출이란 내 자산의 취득이나 자산의 가치를 높이기 위한 목적의 대출로 충분히 상환 가능하여 금융생활에 과도한 부담을 지우지 않는 경우 등을 말한다. 주택을 구입하기 위한 주택담보대출 등이 대표적인 예로, 이자율이 비교적 높지 않고 자산의 취득을 위해 사용된다. 즉, 대출은 어떤 목적에 어떻게 사용하느냐에 따라 독이 되어 나쁜 대출이 될 수도, 사막의 단비처럼 쓰여 좋은 대출이 될 수도 있음을 꼭 명심하자.

그렇다면 감당할 수 있는 빚의 기준은 어디까지일까?

대출을 받기 위해 금융기관을 통하면 자신의 소득과 신용등급, 담보물권에 대한 조회 등을 통해 금융기관이 판단하는 대출한도가 정해진다. 그들 나름대로 평가모델과 위험 분석 등을 통해 상환 가능하다고 판단하는 수준에서 한도를 정해주는 것이다. 물론 그렇다고 해서 전체 대출한도가 곧 자신이 감당할 수 있는 대출 금액을 의미하지는 않는다.

감당 가능한 빚은 어디까지나 개인마다 각기 다른 상황과 조건들에 의해 가변적이며 절대적으로 측정할 수는 없다. 자신의 소득이나 현재의 경제상황, 고정지출, 지출계획 등 여러 가지를 고려해야 한다. 그러나 투자를 위해 감당할 수 있는 빚을 산출할 때 무엇보다 중요한 것은 내가 투자하려는 해당 분야에 대해 얼마나 준비되어 있는지를 먼저 판단해야 한다는 점이다.

예를 들어, 나는 암호화폐에 투자하려는 목적이 있었고 이를 위해서는 대출이 필요했다. 그때, 무엇보다 먼저 한 일은 암호화폐에 투자하기 위한 철저한 준비에 돌입한 것이었다. 블록체인에 대해 공부하고, 대표적인 암호화폐들의 특징들에 대해 공부하기 시작했으며, 채굴과 암호화폐 내부의 시장원리를 익혀나갔다. 철저하게 단계별로 내가 투자하고자 하는 분야에 대해 준비했고, 이후 대출을 받아 트레이딩을 시작해 큰 수익을 낼 수 있었다.

즉, 투자 시 감당 가능한 빚의 크기는 해당 분야에 관한 철저한 준비 이후에 산정할 수 있음을 명심하자. 투자에는 답이 없지만, 투자 성공은 어디까지나 철저한 준비를 바탕으로 가능성이 커진다.

직장인 레버리지(Leverage)를 적극 활용하자

직장인이라면, 프리랜서 등에 비해 대출의 이점을 누릴 수 있다. 직장인은 소득이 투명하고 수입이 안정적이라는 특성을 가진다. 특히 직장인이라면 국민연금, 고용보험, 건강보험, 산재보험 등 4대 보험에 가입되어 있기에 금융서비스에 이점이 많다.

핀테크가 발전하면서 인터넷 은행이나 P2P 금융 등 다양한 금융서비스를 편하게 제공하는 금융회사가 늘고 있고, 시중 은행도 이에 발맞춰 비대면 서비스 등을 내놓고 있다. 예를 들어, 비대면으로 계좌를 생성하는 것도 가능한데, 보통 재직 확인이 되어야 이체한도 제한을 풀 수 있다. 이때 직장인이라면 국민건강보험공단 등을 통한 자료 조회로 재직 확인 등이 가능하다.

직장인으로서 금융기관에 가지는 이점은 단순히 금융서비스에 국한되지는 않는다. 대출 금리나 한도 등에 있어 금융기관은 매달 원금과 이자 상환이 보장된 직장인을 우대한다. 직장인이라면 앞서 언급한 좋은 대출을 위해 직장인으로서의 이점을 적극적으로 활용할 수 있도록 하자.

신(新) DTI, DSR
2018년 달라지는 부동산 금융 정책

DTI와 DSR에 관하여 신문 기사나 뉴스 등을 통해 접하기는 하지만 자세히 알아보지 않으면 어려운 용어들이다. 그러나 직장인으로 부동산투자 등을 위해서는 대출이 필수에 가까운 만큼 해당 제도들에 대해서 꼼꼼하게 챙겨볼 수 있도록 하자.

신(新) DTI 도입 (2018년 1월 시행)

DTI란 'Debt to Income'의 약자로 '총부채상환비율'을 말한다. DTI는 주택을 구입하려는 사람이 주택담보대출을 받게 될 경우 대출담보 이외에 채무자의 소득을 함께 고려한 대출 가능 여부를 판단하기 위한 제도로, 채무자의 대출상환능력을 보다 면밀히 점검하기 위해 마련되었다.

DTI는 대출이 실행될 시 채무자가 금융기관에 갚아야 하는 대출 원금과 이자가 개인의 연소득에서 차지하는 비율을 의미한다. 따라서 DTI 수치가 낮을수록 대출 원금과 이자가 소득에서 차지하는 비율이 낮음을 의미하기 때문에 상환 능력이 높게 평가되며, DTI 수치가 높을수록 대출 원금과 이자가 소득에서 차지하는 비율이 높음을 의미하기 때문에 상환 능력이 낮게 평가된다. 만약 DTI 수치가 높아 상환 능력이 낮게 평가되면 담보의 가치가 높더라도 DTI 기준을 충족하지 못해 대출 승인이 나지 않을 수 있다.

2018년 1월부터는 DTI 제도가 변경되어 신(新) DTI 제도가 도입된다. 기존의 DTI는 기존에 채무자가 가지고 있었던 주택담보대출의 이자와 신규 주택담보대출의 원리금을 부채로 보았다. 그러나 신(新) DTI는 기존 주택담보대출의 원금까지 부채로 보아 채무자의 상환 능력에 대해 기존의 DTI 제도보다 더 높은 수준을 요구한다. 따라서 기존의 주택담보대출이 3건 있다면 3건의 원금을 모두 합쳐 계산하게 되어 대출 가능금액이 줄어들게 된다. 또한, 신(新) DTI 제도에서는 소득에 대한 입증 방법도 바뀐다.

① 먼저, 소득산정 시에는 최근 2년간의 소득 기록을 확인한다(기존 DTI는 1년 기록 확인).
② 인정소득(예 : 연금납부액)·신고소득(예 : 카드사용액) 등은 소득산정 시 일정비율을 차감한다.
③ 장래소득 상승이 예상되면 소득산정 시 일정 비율을 증액한다.
④ 장기 대출 시, 주기적으로 소득정보를 갱신한다.

신(新) DTI는 기존의 DTI에 비해 대출 시보다 높은 상환 능력을 요구하기 때문에 사회초년생이나 선의의 서민, 실수요자 등은 불리한 조건 변화로 인해 피해를 볼 수 있다. 따라서 신(新) DTI에는 이를 위한 보호책도 포함되어 있다.

일단 신(新) DTI 도입 이전의 대출분에 대해서는 소급하지 않고 기존의 DTI를 그대로 적용해 기존에 복수로 주택담보대출을 받은 차주를 보호하며, 기존의 주택담보대출 금액 또는 은행 변경 없이 단순 만기연장을 할 때에도 신(新) DTI의 적용을 배제한다. 그리고 이사 등 불가피한 목적으로 인해 일시적으로·2주택의 담보대출을 보유하게 된 대출자 등에 대해서는 즉시 처분한다는 조건으로 부채산정 시 기존의 주택담보대출 이자상환액만 신(新) DTI 산정에 반영하며, 2년 내 처분한다는 조건으로 두 번째 주택담보대출의 만기제한을 미적용하게 된다.

또한, 청년층과 신혼층 등 사회초년생에게는 먼저 최근 2년간 소득확인의 적용을 배제하고, 현재 소득이 아닌 주택담보대출의 만기(최장 30~35년)까지 거둘 것으로 예상하는 '생애주기 소득'을 기준으로 DTI를 산정하도록 하는데, 이에 따라 장래 소득이 높아질 것으로 예상한다면 대출가능금액도 함께 커지게 된다.

DSR 제도 도입(2018년 하반기 시행)

DSR은 'Debt Service Ratio'의 약자로 '총체적상환능력비율'을 말한다. 즉, 채무자의 소득에 비해 금융권의 총부채가 얼마인지를 알아보기 위한 지표로, DTI에 적용되는 주택담보대출을 포함한 모든 대출의 연간 원리금의 상환액이 연소득에서 차지하는 비중을 계산해 산출한다. 이때, DSR 계산을 위한 소득의 산출은 신(新) DTI와 동일하게 적용한다. 또한, DSR 계산 시 포함되는 모든 대출에는 신용대출 등은 물론 마이너스통장 등의 한도대출, 차량 렌트 등도 포함된다. 따라서 DSR은 가장 강력한 대출 규제 지표라 할 수 있다.

그러나 주택담보대출이나 신용대출, 한도대출 등의 대출 종류와 분할상환, 일시상환 등 상환 방식 등의 차이에 따른 대출자의 실질적 상환 부담을 합리적으로 반영할 수 있게 되어 있다. 예를 들어, 전세대출의 경우에는 임차보증금 등으로 상환할 수 있기 때문에 이자 상환액만 포함하며, 신용대출은 만기연장 기간 등을 감안해 10년간 분할상환하는 것으로 산정한다. DSR은 2018년 초부터 금융기관 등을 통해 시범 운영한 뒤 하반기부터 지표를 본격적으로 활용하게 된다.

	신DTI (Debt to Income)	DSR (Debt Service Ratio)
명칭	총부채상환비율	총체적 상환능력 비율
산정방식	(모든 주담대 월리금상환액 * 기타 대출 이자상환액)	(모든 대출 원리금 상환액)
	연간 소득	연간 소득
활용방식	대출심사 시 규제비율로 활용	금융회사 여신관리 과정에서 다양한 활용방안 마련 예정

[2017.10.24., 가계부채종합대책]

중도금 보증 한도와 보증율 축소

2018년 1월 중도금 보증 한도가 축소된다. 수도권과 광역시, 세종시 등에서 아파트 중도금대출의 보증 한도가 기존 6억 원에서 5억 원으로 줄어들고, 기타 지방은 현행 3억 원이 유지된다. 또한, 중도금대출의 리스크 관리 강화 등을 위해 보증기관인 주택도시보증공사(HUG), 주택금융공사 등의 보증비율도 90%에서 80%로 축소된다.

/ 젊어부자의 재테크 특강 직장인 부자 되기

주택청약종합저축은
모두에게 주어지는 합법적 로또다

주택청약종합저축이 없다면
당장 가입부터 하자

현재 가입 가능한 '주택청약종합저축'이란 국민인 개인이나 외국인 거주자 등을 대상으로 국민주택이나 민영주택에 청약할 수 있는 자격을 부여받을 수 있도록 하는 적금식 상품을 말한다. 주택 소유나 세대주 여부에 제한 없이 가입 가능하고, 매월 2만 원 이상 50만 원 이하의 금액을 자유롭게 납입할 수 있으며 본인 한도 내에서 비과세 세금우대도 주어진다.

또한, 연말정산 시 소득공제 혜택도 적용받는다. 총급여액이 7천만 원 이하인 근로자로 무주택 세대주를 대상으로 하며 과세연도 12월 31일까지 가입 은행에 '무주택 확인서'를 제출해야 한다. 소득공제 한도는 해당 과세연도 납부분(연간 240만 원 한도)의 40%(96만 원 한도)이다.

민영주택청약을 위해 1순위 자격을 얻으려면 가입 기간이 1년이 지나야 하고(수도권 외 지역은 6개월~12개월 내에서 시, 도지사가 정함) 납입금액이 청약예금의 지역별 예치금 이상이 되어야 한다.

투기과열지구 및 청약과열지역		이외 지역	
국민주택	민영주택	국민주택	민영주택
24개월 경과 + 24회 납입	24개월 경과 + 지역별 예치금액 납입	12개월 경과 + 12회 납입	12개월 경과 + 지역별 예치금 납입

* 주택공급에 관한 규칙 별표1외2 지역별 면적별 청약예금의 예치금액   (단위 : 만 원)

구분	청약 가능 전용면적			
	85㎡ 이하	102㎡ 이하	135㎡ 이하	모든 면적
서울, 부산	300	600	1,000	1,500
기타 광역시	250	400	700	1,000
기타 시, 군	200	300	400	500

[주택도시기금 http://nhuf.molit.go.kr]

국민주택청약에서는, 무주택세대 구성원이며 1세대 1주택에 한해 1년이 지난 계좌로 매월 정해진 날짜에 월납입금을 12회 이상 납입한 고객을 1순위로 정한다. 그리고 월납입금이 10만 원을 초과하더라도 10만 원까지 납부가 인정되며 성년 이전에 납입한 회차는 24회까지만 인정된다. 40㎡를 기준으로 순차를 정하는 기준이 다른데, 먼저 전용면적 40㎡ 초과 주택을 청약하기 위해서는 3년 이상 무주택세대구성원으로 저축 총액이 많은 자를 단순히 저축 총액이 많은 자에 우선해 순차를 배정하며 전

용면적 40㎡ 이하의 주택을 청약하는 경우에는 3년 이상의 무주택세대구성원으로 납입 횟수가 많은 자를 단순히 납입 횟수가 많은 자에 비해 우선해 순차를 배정한다.

즉, 주택청약을 위한 주택청약종합저축은 가입 기간과 납입 횟수 등의 기준을 통해 1순위 기준을 정하므로 이를 만족시키기 위해 최대한 빠른 시점에 가입해 1순위 조건을 먼저 만들어 두는 것이 무엇보다 중요하다. 2순위 기준으로도 분양받을 수 있는 아파트가 물론 존재하지만, 어디까지나 그런 아파트는 1순위 자격으로만 가능한 아파트에 비해 여타의 조건이 좋지 않아 소위 인기가 없어 순위가 밀린 경우에 해당한다.

주택청약종합저축은 결론적으로 장점만 가득한 통장이다. 소득공제 혜택과 비과세 혜택, 국민주택과 민영주택청약자격 부여, 시중은행의 예금 상품 금리 대비 낮지 않은 금리(변동금리 적용) 등 많은 이점을 가지기 때문에 재테크를 마음먹은 사람이라면 가장 먼저 가입해야 하는 재테크 수단 0순위라 할 수 있다.

국민주택 혹은 민영주택

주택청약과 관련한 주택의 종류는 국민주택과 민영주택으로 나뉜다.

국민주택은 국가나 지자체 LH와 지방공사가 건설하는 주거전용면적 85㎡ 이하의 주택을 의미하며 수도권이나 도시지역이 아닌 읍·면 지역은 100㎡ 이하의 주택 혹은 국가나 지자체의 재정 또는 주택도시기금을 지원받아 건설·개량하는 주거전용 면적 85㎡ 이하의 주택을 말한다. 그리고 위에 해당하는 국민주택을 제외한 모든 주택은 민영주택이 된다.

청약 과열로 인한 청약조정지역

청약조정대상에 해당하는 지역은 다음과 같다.

해당 시/도	상세 지역
서울시	전역
경기도	• 과천시, 성남시, 광명시 전역 • 하남시, 고양시, 화성시, 남양주시 내 공공택지 (*화성시 : 반송동·석우동, 동탄면 금곡리·목리·방교리· 산척리·송리·신리·영천리·오산리·장지리· 중리·청계리 일원에 지정된 택지개발지구)
부산시	• 해운대구, 연제구, 동래구, 남구, 수영구, 부산진구 전역 • 기장군 내 공공택지
세종시	행정도시 예정 지역

해당 지역의 민영주택의 경우에는 세대주가 아닌 자나 과거 5년 이내 다른 주택에 당첨된 자의 세대에 속한 자, 2주택(청약 주택이 토지임대주택인 경우에는 1주택) 이상을 소유한 세대에 속한 자 등은 1순위로 청약 불가능하며, 국민주택의 경우에는 세대주가 아닌 자나 과거 5년 이내에 다른 주택에 당첨된 자가 속해 있는 무주택세대구성원 등이 1순위 청약이 불가능하다. 또한, 민영주택과 분양가 상한제 미적용 주택을 포함해 청약과열지역에서 공급되는 주택은 재당첨이 제한된다.

주택청약종합저축의 효용가치

주택청약종합저축에 대해서는 그동안 효용론과 무용론이 부동산 경기에 따라 번갈아가며 득세해 왔다. 부동산 경기가 침체하여 집값이 하락하면 주택청약종합저축에 대해 회의를 가진 사람들이 늘어날 수 있다.

그러나 어디까지나 주택청약종합저축은 서민이나 중산층에게는 가장 좋은 내 집 마련 수단이 될 수 있음을 잊지 않아야 한다. 시세보다 저렴한 새 아파트를 구매할 기회를 우리나라에서는 청약 이외에 다른 수단을 찾기란 매우 힘들기 때문이다.

주관적이지만 나는 주택청약종합저축의 가치를 금액으로 환산하면 최소 1억 원 이상으로 본다. 물론 서울 등 아파트 청약 시 분양 프리미엄 등이 예상되는 좋은 지역에 한한 이야기다. 부동산 가격을 잡기 위해 정부가 다양하게 부동산 관련 정책을 쏟아내고 있지만, 서울 등 수도권 불패의 신화는 당분간 이어질 것으로 보인다. 수요를 잡기 위해 정부가 각종 시책을 내놓고는 있다고 하더라도 서울이 가지는 메리트는 흔들림이 없고 서울이 한정된 땅이라는 사실은 변함이 없기 때문이다. 특히 최근에 인기가 많은 소형이나 중형 평수의 아파트라면 더할 나위가 없다.

추가로, 내가 청약한 아파트와 주변 아파트 시세와 추이, 각종 정부 정책의 변화 등 투자에 대비해 충분한 공부를 한다면 그 가치는 1억 원 그 이상이 될 수 있다. 나의 경우, 상도파크자이를 5억 8천만 원에 처음 분양받았지만 포기하였다. 2018년 2월 현재 매도호가는 11억을 호가하고 있다. 두 번째 분양받은 마포자이 3차는 7억 1천만 원에 분양받은 후 2017년 11월에 8억 1천만 원에 매도, 1억 원의 프리미엄을 받아 수익을 남겼으나 2018년 현재 11억 이상의 매도호가를 형성하고 있다. 물론 서울 시내 아파트 분양에 당첨된다는 것은 쉬운 일은 아니지만, 당첨된다는 가정하에 1억 원 이상의 충분한 가치는 있다고 생각한다. 2018년 3월, 정부에서 발표한 재건축, 재개발 규제에 따른 서울 시내 신규 아파트는 가치가 더더욱 높아질 것이고, 이에 따른 주택청약종합저축의 가치 또한 한층 더 높게 봐도 된다고 생각한다.

명심해야 하는
주택청약종합저축 활용 자세

가장 친한 친구에게 있었던 일이다. 2017년 초 송도의 한 아파트에 청약신청을 했고 당첨이 되었다. 그리고 질문을 해 왔다.

"이 아파트, 계약하는 게 좋을까?"

나는 되묻지 않을 수 없었다.

"당첨되면 계약할 생각으로 청약한 것 아니었어?"

"아니 그게…."

그랬다. 결론은 해당 아파트에 대한 투자는 물론 부동산투자와 청약에 관한 큰 공부나 준비 없이 잘 모르는 상태에서 당첨만 되면 돈을 벌 수 있다는 말만 듣고 청약신청을 한 것이다. 청약신청을 한 아파트 주변에는 분양된 물량보다 미분양 물량이 많았다. 그 아파트는 신청만 하면 거의 당첨이 되거나 청약하지 않아도 추후 미분양 아파트 중 좋은 층 등을 선택해 구매하는 것도 가능했다. 친구는 결국 계약을 하지 않았다. 그러나 여기서 살펴보아야 할 지점이 있다. 계약하지 않았기 때문에 손해는 없다고 생각할 수 있지만 사실 그렇지 않기 때문이다.

정부 정책에 따라, 당첨 후 5년 동안은 투기과열지구에 대한 청약 기회가 사라진다. 따라서 친구는 5년 동안은, 혹시나 정부 정책이 변경되지 않는한, 서울이나 수도권 등 인기 지역에 청약할 수 없다.

앞서 이야기했듯, 주택청약종합저축은 효용가치가 분명히 존재한다. 또한, 투자는 타이밍이 무엇보다 중요한데, 친구는 5년 동안 서울 등 인기 지역의 청약을 통한 좋은 투자 기회들을 모두 날려버린 것이다. 어쩌면 5년 동안 부동산 경기가 호황이다가 5년 이후엔 침체기를 맞을지도 모른다. 미래에 대한 가정이 의미 없을지 모르지만, 이 상황에서 특별히 유효한 의미를 가지는 이유는 상황이 어떻게 변하든 그에 대응해 여러 가지를 창출할 가능성을 친구는 5년간 박탈당했기 때문이다.

명심해야 한다. 주택청약종합저축이 충분한 효용가치가 있는 만큼, 이를 활용하기 위해서는 충분한 사전조사와 준비, 공부 등을 필수적으로 수행해 아까운 기회를 날리지 않을 수 있는 자세를 가져야 한다는 것을!

투기과열지구란

투기과열지구에 해당하는 지역은 위와 같다(참고로 청약조정지역 〉 투기과열지구

해당 시/도	상세지역
서울시	전역
경기도	과천시, 성남시 분당구
대구시	수성구
세종시	행정중심 복합도시 건설 예정지역

해당 지역의 민영주택의 경우에는 세대주가 아닌 자나 과거 5년 이내 다른 주택에 당첨된 자의 세대에 속한 자, 2주택(청약 주택이 토지임대주택인 경우에는 1주택) 이상을 소유한 세대에 속한 자 등은 1순위로 청약 불가능하며, 국민주택의 경우에는 세대주가 아닌 자나 과거 5년 이내에 다른 주택에 당첨된 자가 속해 있는 무주택세대구성원 등이 1순위 청약 불가능하다. 또, 민영주택과 분양가 상한제 미적용 주택을 포함해 청약과열지역에서 공급되는 주택은 재당첨이 제한된다.

분양·특별 분양, 제대로 활용하는 사람이 돈 번다

주위를 둘러보면 여러 가지 재테크 방법으로 돈을 벌었다는 사람들이 있다. 주식이나 암호화폐, 경매 등 다양한 방법을 통해 큰돈을 손에 쥐었다고 한다. 그러나 우리나라에서 재테크로 돈을 벌었다는 사람들의 대다수는 부동산, 그중에서도 아파트 투자로 돈을 번 사람들이 대부분이다. 우리나라 전체의 순자본스톡 중 부동산 자산이 차지하는 비중은 90%를 넘어선다. 부동산시장은 누가 뭐라고 해도 가장 많은 돈이 몰려있는 시장이며, 이 시장을 공략하는 일의 중요성은 이루 말할 수 없다. 그중에서도 우리와 같은 직장인들에게 가장 적합한 부동산투자는 분양 아파트 시장이라 할 수 있으며, 이를 제대로 활용하는 일은 무엇보다 중요하다.

물론, 정부의 부동산 가격 안정 정책으로 인해 투기 수요 등이 억제되거나 부동산시장이 숨 고르기에 들어갈 수 있지만, 부동산시장의 역사는 정부의 계속되는 부동산 가격 안정 정책과 늘 함께 하면서도 성장을 이어왔다. 또한, 무엇보다 서울이나 수도권 인기 지역의 신규 분양 아파트가 시장에서 가지는 매력은 정책적인 제재만으로는 퇴색시키지 못한다. 경제, 사회, 문화의 중심지 수도 서울이 가지는 메리트(Merit)가 근본적으로 흔들리지 않는 한, 서울 불패 신화는 이어질 것이다.

신규 분양에 대해
늘 모니터링하자

물론 서울을 비롯한 인기 지역의 아파트 분양받기란 하늘의 별 따기로 불릴 정도로 여간 힘든 것이 아니다. 그렇지만 청약을 신청하는데 돈이 드는 것도 아니고 컴퓨터 앞에 앉아서 5분만 시간 투자를 하면 혹시 모를 가능성을 얻을 수도 있는데 그 기회를 우리 스스로 걷어찰 이유가 있을까?

주택청약신청 방법

주택청약은 청약접수대행 은행지점에서 신청하는 은행지점 청약신청과 인터넷 청약신청의 방법이 있다. 은행지점 청약신청의 경우에는 본인 또는 배우자일 경우 공급신청서와 본인 또는 배우자의 도장, 주민등록증 등 실명확인증표, 주민등록등본 또는 가족관계증명원 등의 관계 확인 서류, 청약신청금, 청약신청 환불 통장사본 등을 준비해 신청하면 된다. 제삼자 대리 신청의 경우에는 청약자의 인감증명서 1통과 인감도장, 인감도장이 날인된 위임장을 준비하고, 대리인의 신분증을 함께 지참해 청약신청을 할 수 있다.

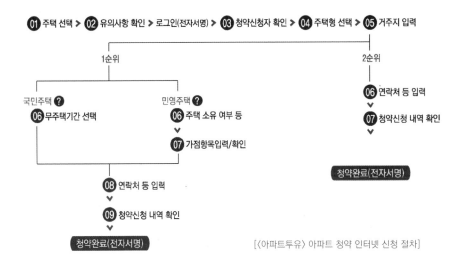

[〈아파트투유〉 아파트 청약 인터넷 신청 절차]

인터넷 청약신청 방법은, 공공임대나 국민임대 아파트 등에 청약하고자 한다면 LH 청약센터(https://apply.lh.or.kr) 등을 통해 청약신청이 가능하고, 민영주택 등의 경우에는 대표적으로 아파트 투유(https://www.apt2you.com/) 등을 통해 청약접수가 가능하다. 인터넷의 경우에는 별도 서류 준비 없이 은행·보험용 혹은 범용공인인증서만 준비하면 청약신청을 할 수 있다.

해당 사이트 등에 올라오는 분양주택 공고를 확인하면 공고마다 신청자격과 당첨자 선정방법, 1순위 내 경쟁 시 당첨자 선정 순차 등이 자세히 설명되어 있으니 본인에게 맞는 공고를 잘 선택해야 한다. 이를 위해 신규 분양에 대해 늘 주기적으로 모니터링(Monitoring)하는 습관을 지닌다면 본인에게 유리한 투자 기회를 놓치지 않게 될 것이다.

조건이 해당되는 경우
특별 공급을 적극 활용하자

특별 공급은 신혼부부나 국가유공자, 다자녀 가구, 노부모 부양자 등 정책적으로 배려하고자 하는 사회계층 중 무주택자에 대해 분양이나 임대를 통해 주택 마련을 지원해주기 위해 만들어진 제도이다. 특별 공급의 혜택은 1세대당 평생 1회에 한해 누릴 수 있고, 특별 공급의 주요 대상은 국가유공자, 보훈대상자, 참전유공자, 3자녀 이상 세대, 신혼부부, 노부모부양가구, 북한이탈주민, 철거주택 소유자와 세입자 등과, 행정중심복합도시(세종시), 도청이전 신도시, 혁신도시 등 비수도권으로 이전하는 공공기관·학교·의료연구기관·기업의 종사자, 이전하는 주한미군기지의 고용원, 산업단지 종사자 등이 해당한다. 아울러 특별 공급 청약신청자도 일반 공급 신청자와 마찬가지로 청약할 주택에 해당하는 청약통장을 보유하고 있어야 하며, 단 장애인이나 철거민, 국가유공자, 이전기관종사자, 외국인 등은 청약통장이 없이도 신청할 수 있다.

그럼, 특별 공급은 어떤 것들이 있는지 간단히 살펴보자.

❶ 기관추천

먼저 기관추천 특별 공급의 경우에는 국가보훈처, 지자체, 중소기업청 등 관련 기관이 추천하는 사람들에 대해 특별 공급을 실행하는 제도로, 85㎡ 이하의 분양주택을 대상으로 하며 건설량의 10% 범위에서 특별 공급 물량이 정해진다(시·도지사 승인 시 초과 가능).

대상자는 국가유공자, 보훈대상자, 5·18 유공자, 특수임무유공자, 참전유공자, 장기복무(제대)군인, 북한이탈주민, 납북피해자, 일본군위안부, 장애인, 영구귀국과학자, 올림픽 등 입상자, 중소기업근무자, 공공사업 등의 철거주택 소유자 또는 거주자, 의사상자 등이 국민주택과 민영주택 신청 대상자가 되며, 다문화가족이나 탄광·공장 근로자, 재외동포 등은 국민주택, 해외취업근로자 등은 민영주택의 대상자가 된다.

위 대상자 중에서 동일 주민등록등본 상의 세대주와 세대원 전원이 무주택자인 경우, 또는 세대주나 세대원 중 본인의 배우자와 직계존비속이 모두 무주택자인 자를 기준으로 하며 무주택세대 청약통장에 가입한지 6개월이 경과하고 청약통장의 종류에 따라 지역별 청약예금 예치금액 예치나 납입 횟수 등의 조건을 충족해야 한다.

2 신혼부부

무주택 저소득 신혼부부에게 생애 1회에 한해 특별 공급되는 것으로 전용면적 85㎡ 이하의 분양주택이나 임대주택을 건설량의 10% 범위에서(공공건설임대는 15%, 국민임대는 30%) 공급한다. 입주자모집공고일 현재 혼인기간이 5년 이내이고 그 기간에 출산(임신 혹은 입양 포함)하여 자녀가 있는 사람을 대상으로 하며, 위 대상자 중 동일한 주민등록등본 상 세대주와 세대원 전원이 무주택자이거나 세대주와 세대원 중 본인의 배우자와 직계존비속이 모두 무주택인 자에게 청약자격이 주어진다. 다른 특별 공급과 마찬가지로 청약통장에 가입한지 6개월이 경과하고 지역별청약예금 예치금액이나 납입 횟수 등의 조건을 충족해야 한다. 선정방법은 혼인기간 3년 이내이면서 그 기간에 출산(임신 혹은 입양 포함)하여 자녀가 있으면 1순위로, 혼인기간이 3년 초과 5년 이내이고 그 기간 동안 출산(임신과 입양 포함)하여 자녀가 있는 경우 2순위로 하며 동일 순위 안에서는 자녀가 많은 자가 우선이고, 경쟁이 발생하면 추첨을 하게 된다. 저소득을 나누는 기준은 세대의 월평균 소득이 전년도 도시근로자 가구당 월평균 소득의 100% 이하인 경우로 정해지고, 배우자가 소득이 있으면 120% 이하의 기준을 택한다.

3 다자녀 가구

다자녀 가구에 대한 특별 공급은 건설량의 10%의 범위에서 정해지며(최대 15%), 입주자 모집 공고일 현재 민법상 미성년자인 자녀 3명 이상을 둔 자를 대상으로 한다(태아 혹은 입양자녀 포함). 위 대상자 중 동일한 주민등록등본 상 세대주와 세대원 전원이 무주택자이거나 세대주와 세대원 중 본인의 배우자와 직계존비속이 모두 무주택인 자에게 청약자격이 주어진다. 또, 동일 주택에 대해서는 1세대에서 1인만 청약신청을 할 수 있다. 아울러 다른 특별 공급과 마찬가지로 청약통장에 가입한 지 6개월이 경과하고 지역별 청약예금 예치금액이나 납입 횟수 등의 조건을 충족해야 한다. 당첨자 선정은 배점 기준표에 따라 높은 점수 순으로 당첨자를 결정하는 방법을 따르며, 배점항목에는 무주택기간, 당해 지역 거주기간, 자녀 수, 세대구성, 청약통장 가입 기간 등이 있다.

4 노부모 부양

일반 공급 1순위인 사람으로 만 65세 이상인 직계존속(배우자의 직계존속 포함)을 3년 이상 계속해 부양(같은 세대별 주민등록표상 등재)하고 있는 무주택세대주(피부양자와 그 배우자도 무주택이어야 함)에게 공급하는 특별 공급으로 노부모부양 특별 공급은 세대원이 아닌 무주택세대주만이 신청할 수 있으며, 투기과열지구나 청약과열지역의 주택에 특별 공급 청약 시에는 과거 5년 이내에 다른 주택에 당첨된 자가 속해있는 세대의 무주택 세대주이면 청약 불가능하다. 공급물량은 민영주택의 3% 범위 내, 국민주택의 경우 5% 범위에서 정해지며 청약통장의 경우 가입 후 24개월이 경과하고 지역별 청약예금 예치금액이나 납입 횟수 등의 조건을 충족해야 한다.

5 생애최초주택 구입

국민주택을 대상으로 건설량의 20% 범위의 공급물량을 통해 세대원 모두 과거 주택을 소유한 사실이 없는 생애 최초로 주택을 구입하고자 하는 사람에게 공급하는 특별 공급이다.

대상자는 ①일반공급 1순위인 무주택 세대의 세대주 또는 세대원으로 저축액이 선납금을 포함해 600만 원 이상이어야 하고, ② 입주자 모집 공고일 현재 혼인 중이거나 자녀가 있어야 하며, ③ 입주자 모집공고일 현재 근로자 또는 자영업자로 5년 이상 소득세를 납부한 이력과 ④ 해당 세대의 월평균 소득이 전년도 도시근로자 가구당 월평균 소득의 100% 이하인 경우 등의 조건을 모두 충족해야 한다.

위 대상자 중 같은 주민등록등본 상 세대주와 세대원 전원이 무주택자이거나 세대주와 세대원 중 본인의 배우자와 직계존비속이 모두 무주택인 자에게 청약자격이 주어진다. 또한, 청약통장의 경우 가입 후 24개월이 경과하고(지역 혹은 주택에 따라 6~24개월) 매월 약정납입일에 월 납입금을 24회

이상 납입한 사람에게 자격이 주어진다.

6 이전기관 종사자 등

행정중심복합도시(세종시), 도청 이전 신도시, 혁신도시 등 비수도권으로 이전하는 공공기관·학교·의료연구기관·기업의 종사자, 이전하는 주한미군기지의 고용원, 산업단지와 기업도시 종사자 등에게 공급하는 분양 혹은 임대주택으로, 청약자격은 입주자 모집공고일 현재 해당 기관의 종사자로 해당 기관에서 '주택 특별 공급대상자 확인서'를 발급받은 사람에 대해 동일주택에 대해 1세대에서 1인만 청약신청이 가능하다. 단, 세종시, 산업단지, 기업도시, 혁신도시, 주한미국 이전도시의 경우 특별 공급 대상인 종사자와 그 세대에 속한 자가 해당 주택건설지역에 주택을 소유하고 있는 경우와 해당 지역에서 공급한 주택의 일반공급에 당첨된 사실이 있는 경우에는 특별 공급 대상자에서 제외된다.

구분	대상자	청약통장 요건
기관추천	국가유공자, 장애인 등	가입 6개월 경과 + 지역별 예치금액/납입 횟수
신혼부부	혼인기간 5년 이내 (해당 기간 내 출산 등 자녀 有)	가입 6개월 경과 + 지역별 예치금액/납입 횟수
다자녀 가구	민법상 미성년 자녀 3명 이상	가입 6개월 경과 + 지역별 예치금액/납입 횟수
노부모 부양	1) 일반 공급 1순위 2) 만 65세 이상 직계존속 3년 이상 계속 부양 3) 무주택 세대주역	가입한 지 24개월 (지역·주택에 따라 6~24개월) + 지역별 예치금액/납입 횟수

생애최초 주택구입	생애최초 주택 구입자 中 아래 조건 모두 충족 • 일반공급 1순위 무주택 세대주 또는 세대원으로 저축액 600만 원 이상 • 공고일 현재 혼인 중이거나 자녀 有 • 공고일 현재 근로자 또는 자영업자 (5년 이상 소득세 납부) • 해당 세대 월평균 소득이 전년도 도시근로자 　가구당 월평균 소득의 100% 이하	가입한 지 24개월 (지역·주택에 따라 6~24개월) 경과하고 24회 (지역·주택에 따라 6~24회) 이상 납입
이전기관 종사자	대상기관 종사자로 해당 기관에서 '주택 특별 공급대상자 확인서'를 발급받은 자	가입 6개월 경과 + 지역별 예치금액/납입 횟수

무주택 세대 구성원이란

동일한 주민등록등본에 등재된, ① 세대주와 세대원(세대주의 배우자와 직계존·비속) 전원이 무주택, ② 세대주와 세대원 중 청약신청자의 배우자와 직계존·비속 전원이 무주택 등의 두 가지 기준에 대해 위의 ①과 ②에 포함된 사람을 무주택세대구성원이라 하며, ①에 해당하는 사람 중 ②를 충족해야만 국민주택에 청약할 수 있다.

05

내 집 마련은 재테크의 중심

부동산투자의 궁극적인 목표는
내 집 마련이다

상가나 오피스텔 등의 부동산과는 달리 아파트나 주택 등은 투자와 재테크의 측면에서만 접근해서는 안 된다. 집은 사치재가 아닌 필수재로, 우리가 삶을 영위하는 필수적 공간이다. 따라서 재테크라는 단일한 목적으로 투자에 접근하지 않도록 하자.

혹시 투자의 관점으로는 실패하게 되더라도 나와 가족이 해당 주택이나 아파트에 만족하며 살고 있다면 그것은 실패로만 해석되지는 않을 것이다. 즉, 부동산투자는 단순한 재테크의 목적을 넘어 실거주 조건까지 고려하게 되면 투자에서 안전장치를 마련할 수 있게 된다.

나의 경우, 구의아크로리버를 구입했다. 부동산투자에 대해 조예가 있는 사람이라면 아파트가 아닌 주상복합은 일반 아파트에 비해 전용면적이

작고 관리비도 많이 나오며 소단지라는 단점이 있으며 재건축의 이점도 없기에, 투자에 대해 고개를 갸우뚱했을 수도 있다. 주상복합에 투자한 금액이면 다른 재개발 지역 등의 대안재에 충분히 투자가 가능했고, 서울의 입지 좋은 곳의 신축 아파트에 대한 갭 투자도 가능하며, 건설 중인 새 아파트의 분양권도 구할 수 있다.

　그러나 나는 투자 목적만을 가지고 집을 구하지 않았다. 어려서부터 한강이 보이는 집에 살고 싶은 꿈이 있었다. 마포자이 3차를 청약할 때에도 직접 부지를 방문하고 주변 환경과 배치도 등을 고려하며 한강이 보일 수 있는지에 대해 깊게 고민했었다. 이번 투자 역시 단순 투자를 넘어 실거주 가능성을 염두에 두어야 하며 평소의 기대와 바람을 담아 투자했다. 구의 아크로리버 주상복합은 모든 방과 주방 등에서 아름다운 한강과 서울 시내를 조망할 수 있다.

　부동산투자도 어디까지나 미래를 예측해 투자하는 것에 불과하며, 정답을 찾기란 어렵다. 또한, 합리적인 투자 방안을 도출했다 하더라도 정치상

[구의아크로리버주상복합의 조망]

황이나 경제상황 등 수많은 요인에 따라 시장이 급변해 한순간에 정답이 오답이 되어버릴 수도 있다. 투자는 투기적인 요소가 분명히 존재하며, 따라서 투자의 관점에서만 수억 혹은 수십억 원을 호가하는 아파트나 주택 등에 투자하는 것은 현명하지 않은 것 같다. 부동산은 기본 가격이 대단히 높은 재화인 만큼, 한 번의 투자 실패가 개인의 경제상황에 큰 타격을 입힐 개연성이 많다. 따라서 투자 시 자신이 실거주할 수 있는 주택인지를 꼭 잊지 말고 고려해야만 한다.

이러한 관점에서 이번 투자에 실패하더라도, 한강 전망(View)을 보며 평생 모닝커피 한 잔을 아침마다 마시는 행복한 상상을 하며 투자를 실패로 여기지 않고 자축할 수 있을 것이다. 여러분도 자신의 주거 철학과 꿈이 담긴 아파트에 투자하길 바란다.

이사를 두려워하지 마라

자기 소유의 집이 없다는 것은 참으로 불편한 일이다. 계약기간이 끝날 때마다 부동산에 들러 집을 보러 다니는 수고를 몇 번이고 하며 이사 걱정을 해야 하고, 혹시 전세나 월세 비용을 올리지는 않을까 주인의 눈치를 살펴야 한다. 따라서 재테크에 크게 관심이 없거나 이미 안정적인 금전적 여유가 있는 경우에는 실거주할 집을 소유하는 것이 여러모로 마음 편한 일이 될 것이다. 그러나 이 책을 읽는 여러분들처럼 재테크에 전혀 관심을 두지 않을 수 없는 사람들은 투자의 관점에서 거주하는 집에 관한 다른 방식의 접근이 필요하다.

나는 경기도 평택에 위치한 모회사에 다닌다. 따라서 보통의 경우처럼 회사 근처에 집을 사거나 전세로 거주하는 방법을 선택할 수 있기에 나도 그 방법을 택해 평택 주변에 거주하게 되었다. 그러나 재테크 혹은 투자의 관점에서 이 외에 한 가지 더 택할 방안이 있었다. 위치가 좋고 주택 가격 상승이 예상되는 곳에 주택을 구입해서 전세를 놓은 뒤 거기에서 나온 전세 자금으로 평택 주변에 전세로 거주하는 것이다.

부동산은 여타의 일반적인 상품 속성과 같이 시간이 지나면 낡고 가치가 하락해 감가상각 등을 거치게 된다. 건물 자체도 낡지만 선호하는 아파트 구조 등의 유행이 바뀌어 가치가 하락할 수도 있다. 그러나 그런 것들을 모두 극복하고 시간이 지났음에도 가격이 오히려 올라가게 만드는 부동산의 절대조건이 있다. 바로 입지와 위치 조건이다. 부동산은 이동이 불가능한 고정된 자산으로 입지와 위치를 떼어놓고 가치를 논할 수 없다. 입지와 위치 조건은 아파트 브랜드나 고급 내장재 사용, 편의시설, 홈오토메이션 시스템 등 부가적인 요소를 뛰어넘을 수 있는 절대조건이다.

따라서 투자와 재테크를 목적으로 한다면 직장을 기준으로 위치를 고정하는 것은 지양해야 한다. 아파트의 절대조건인 위치의 이점을 접어두고 투자할 수는 없다. 그래서 위치를 고려하고 투자 이점을 살리기 위해서는, 나의 경우 위치 좋고 주택 가격 상승이 예상되는 곳에 주택을 매매하고 그 집을 전세 놓은 뒤 거기에서 나온 전세 자금으로 평택 근처에 전세로 거주하는 것이 좋은 투자 방안이 될 수 있다.

2014년 11월, 2억 6천만 원에 구매했던 오산의 33평 아파트는 2018년 2월 현재 2억 5천만 원에 거래되고 있다. 서울이나 수도권 인기 지역이 아닌 지역의 아파트값 상승률은 이와 비슷하게 크게 높지 않다. <부동산 114>에 따르면 2017년 전국의 아파트값 상승률은 5.33%로 서울 일반 아파트의 10.43%에 절반 정도에 미치지 못했다.

만약 2014년 11월에 서울 역세권의 24평 정도의 작은 집을 사서 전세 주고, 그 전세금으로 현재 사는 아파트에 전세로 살았다면 4년이 지나는 동안 많게는 2번의 이사와 전세연장, 재계약 등으로 공인중개사무소에 수차례 드나들어야 했을 수 있다. 물론 귀찮고 생각하고 싶지 않은 일이다. 그러나 그 정도의 수고만으로도 큰 인센티브와 금전적 보상이 따랐을 가능성이 높다.

대학에 다닐 때 약수역에 거주했다. 그때 항상 꿈꿨던 것은 옥수역 근처에 살고 싶다는 것이었다. 한강이 보일 뿐만 아니라 교통이 편해서였다.

계약월	매매		전세	
	거래금액(만 원)	층	거래금액(만 원)	층
2014. 12	−		47,000	9
	−		43,000	8
2014. 11	66,000	5	47,000	7
	−		−	

계약월	매매		전세	
	거래금액(만 원)	층	거래금액(만 원)	층
2017. 12	102,700	9	63,000	15
	100,000	13	63,000	10
	66,000	11	58,000	2
	−		55,000	14

[국토교통부 실거래가]

위의 자료는 옥수역 근처에 있는 옥수 하이츠라는 33평형 아파트의 2014년과 2017년의 실거래가를 보여준다. 2014년 11월 기준 해당 아파트가 6억 6천만 원에 거래되었음을 알 수 있는데, 당시를 기준으로 나는 6억 6천만 원의 70%인 4억 6천만 원까지 대출이 가능했다. 2억만 있었더라면 해당 아파트를 대출을 끼고 구매 후(연이율 3% 기준 1년 이자 1,380만 원) 4억 7천에 전세 놓은 뒤 전세금으로 오산에 2억 아파트를 전세로 얻고 남은 2억 7천만 원을 대출상환 하는 방식으로 투자 혹은 거주가 가능했을 것이다. 그랬다면 현재 투자대비 큰 수익을 얻을 수 있었을 것이다.

물론, 가정에 불과하지만 이와 같은 투자는 얼마든지 있을 수 있으며 현실적으로 그리 불가능하지도 않다. 따라서 투자를 목적으로 한다면 이사를 두려워하지 말고 동반되는 수고들은 앞으로 다가올 큰 수익을 위한 투자로 생각하는 자세를 가지길 바란다.

미래를 위해서는
현재를 희생할 수 있어야 한다

이자 부담에 관한 이야기다. 연이율 3%로 가정하면 1억 원 대출 기준 25만 원, 2억 기준 50만 원의 이자를 월 부담해야 한다. 보통의 직장인에게 월 50만 원은 적지 않은 금액이다. 하지만 부동산투자에 대해 공부하고 시세를 파악하고 흐름을 보는 눈을 길렀다면 전세나 월세 혹은 여타의 제도 등을 잘 이용해 미래를 위해 투자할 수 있어야 한다. 투자 기회는 금전적으로 준비되었을 때에만 따라오지 않기 때문이다. 투자 적기는 지금 이 시각에도 언제든 찾아올 수 있다. 지금 당장 이자 지출에만 아까워하지 말고 시장 상황을 파악해 지금이 투자 적기라 여긴다면 미래를 위해 현재를 투자의 과정으로 여길 수 있도록 하자.

청약 후 분양만 되면
무조건 돈 번다?

앞에서 친구의 잘못된 청약통장 사용법에 대해 언급하였다. 그렇다면 경쟁률이 높고, 1순위로 마감되고, 프리미엄이 형성될 수 있는 청약에 당첨되었다고 해서 무조건 청약통장을 잘 사용한 것일까? 꼭 그렇지만은 않다.

회사 동료들이 지난 한 해 동안 동탄 2신도시에 관심이 많았다. 사실 이미 동탄역 주변 위치 좋은 아파트들은 2015년 분양을 마치고 분양가 대비 2배 가까운 부동산 가격의 상승이 있었다. 이 지역에 2017년 분양을 시작하는 아파트들은 2015년의 성공을 좇는 사람들로 문전성시를 이루었다. 분양 당첨만 되면 분양가 대비 2배의 수익을 올릴 수 있을 것처럼, 그렇게 부자가 될 수 있을 것처럼 광고했고, 사람들도 이를 믿고 몰려들어 전국 최고 경쟁률을 기록하기도 했다. 그러나 분양에 당첨되었다고 전부가 아니다. 분양 즉시 내가 돈을 벌 수 있는 것도 아니며, 고려해야 할 부분들이 많다.

1 분양에 당첨되면 먼저 계약금을 마련해야 한다

일반적인 분양 아파트의 계약금은 분양가의 10% 정도이다. 3억 5천만 원의 아파트라면 3,500만 원의 계약금이 필요하다. 물론 경우에 따라서는 이보다 높은 계약금이 필요한 곳도 종종 있다. 이 정도 계약금을 그동안의 저축액 등으로 문제없이 지불할 수 있는 사람이라면 기회비용 정도만 고려하면 되겠지만, 그렇지 않은 사람이라면 신용대출을 받아야 하고 따라서 이자와 기회비용도 고려해야 한다. 계약금은 아파트 분양가가 높아질수록 높아지기 때문에 서울 등 좋은 지역의 아파트 분양이라면 부담은 더욱더 커지게 된다.

2 다음은 중도금이다

계약금을 잘 치렀다면 이후 아파트 입주 전 잔금을 치르기 전까지 통산 분양가의 60% 정도를 중도금으로 4~6회에 걸쳐 내야 한다. 중도금에 대해서는 분양의 마지막 단계인 등기 시 잔금을 치를 때 중도금 60%에 대한 이자를 한 번에 내는 중도금 후불제가 보통 시행되는데, 서울 등의 경우에는 중도금 집단대출을 통해 중도금을 해결할 수 있었다.

중도금 집단대출은 일반적으로 은행이 신규 아파트를 분양받은 사람들에게 중도금을 일괄 대출해 주는 것인데, 서울의 경우에는 1금융권에서 대부분 보증 절차가 마무리될 수 있기 때문에 문제가 없었지만, 최근에는 정부의 집단대출에 대한 심사 요건이 까다로워지면서 문제가 발생하고 있다. 제1금융권에서 약속했던 중도금대출이 여러 가지 이유로 제2금융권으로 변경되거나, 아예 2금융권 이하에서도 대출이 진행되지 않는 경우 등도 발생하고 있다. 지방 일부 아파트들은 중도금 집단대출이 승인되지 않아 개인의 신용대출로 중도금을 내고 있다는 이야기도 미디어 기사 등을 통해 심심치 않게 들려온다. 2018년 2월 현재 중도금 집단대출의 금리는 3.5~5%로 비교적 낮은 금액이 아니어서 중도금도 미리 준비하거나 고려해야 하는 필수적인 요인이 되고 있다.

또한, 기존에 분양권 보유 2년 뒤 분양권 매매가 가능했을 시기에는 분양권 매매 시 중도금 집단대출의 이자까지 매수자가 가져가는 구조로 되어 있었지만, 분양권 전매제한 등 여러 가지 분양권 판매를 제한하는 정책 등에 따라서 이자 부담이 최초 분양자에게 부담되고 있다는 점도 염두에 두어야 한다.

나의 경우, 2015년 마포자이3차 중도금은 총 4억 2천만 원으로 이에 대해 연 2.5% 금리의 3년 이자는 총 3천만 원 정도 발생하였다. 이보다 금리가 높아지고 분양가도 높아진 현재는 중도금에 대한 부담은 훨씬 가중되었으리라 판단된다.

3 세금도 무시할 수 없다

아파트 완공 후에는 등기 이전 등을 위한 세금이 발생하게 된다. 6억 원 이하의 아파트는 85㎡ 이하인 경우 취득세 1.0%와 교육세 0.1%를 납부해야 하며, 85㎡를 초과하는 경우 취득세 1.0%에 농특세 0.2%, 교육세 0.1%를 합해 1.3%를 납부해야 한다. 6억 원 초과 9억 원 이하의 아파트는 85㎡ 이하인 경우 취득세 2.0%에 교육세 0.2%를 합한 2.2%를, 85㎡를 초과하는 경우 취득세 2.0%에 농특세 0.2%, 그리고 교육세 0.2%를 더한 2.4%를 납부해야 한다. 다음으로, 9억 원을 초과하는 경우에는 85㎡ 이하의 경우 취득세 3.0%에 교육세 0.3%를 합친 3.3%를, 85㎡ 초과의 경우 취득세

3.0%에 농특세 0.2%, 교육세 0.3%를 합쳐 3.5%를 납부해야 한다.

구분		취득세	농특세	교육세	합계
6억 원 이하	85㎡ 이하	1.0%		0.1%	1.1%
	85㎡ 초과	1.0%	0.2%	0.1%	1.3%
6억 원 초과 9억 원 이하	85㎡ 이하	2.0%		0.2%	2.2%
	85㎡ 초과	2.0%	0.2%	0.2%	2.4%
9억 원 초과	85㎡ 이하	3.0%		0.3%	3.3%
	85㎡ 초과	3.0%	0.2%	0.3%	3.5%

또한, 2018년 1월 1일부터 분양권 매매 시 부과되는 양도소득세 50%를 무시해서는 안 된다. 1억 원의 프리미엄을 받고 매매를 하더라도 5천만 원을 세금으로 납부해야 한다는 이야기다.

이 밖에도 부동산과 법무사 비용 등 추가로 내야 하는 비용들에 대해서도 투자하기 이전부터 계산하고 있어야 한다.

정리하면, 3천만 원의 프리미엄이 예상된다고 해서 분양권 당첨만 되면 3천만 원의 수익을 낼 수 있는 것이 아니라는 이야기다. 계약금을 마련하기 위한 각종 이자비용과 중도금 관련 이자비용, 분양권을 매매하는 경우의 양도소득세와 취득세 등 각종 세금, 부동산과 법무사 관련 비용 등을 모두 제한 뒤 남는 금액이 내가 얻을 수 있는 수익이 된다.

이에 더해 투자로 접근하는 청약이라면, 아파트 완공 이후 세입자가 구해져야 하며, 세입자가 구해지지 않으면 잔금에 대한 부분도 책임져야 한다. 잔금 30%와 중도금대출이자 등 등기 단계 이후 내야 하는 비용은 보통 실거주가 목적이 아닌 경우에는 세입자를 통해 전세금을 받아 내거나 담보대출 등을 통해 내기 때문에 세입자에 대한 부분을 신경 쓰지 않을 수 없다. 여유 자금을 통한 투자라면 이러한 비용 등을 신경 쓰지 않을 수 있겠으나 보통 직장인의 경우라면 이 부분 역시 무시할 수 없을 것이다.

따라서 다른 사람들을 따라서 혹은 광고나 부동산 등의 말만 듣고, 분양에 당첨만 되면 대박이라는 생각으로 아무런 고민 없이 아파트 청약에 뛰어들지 않기를 바란다. 이와 관련해 인터넷 카페에 올라오는 흔한 고민상담 게시글 들을 보면 주변에서 분양만 되면 대박이라고 해서 지방 아파트에 청약했다가 당첨되었는데 계약금이 마련되어 있지 않아 신용대출을 받아 이자 지출이 있었으며, 완공 후 직접 들어가 살 여유가 되지 않아서 세입자를 구하려 했지만 전세 매물이 많아 세입자를 구하는 데에도 어려움을 겪고, 막상 세입자를 구하고 나니 전세가가 분양가의 50% 정도밖에 되지 않아서 잔금과 중도금 상환 등 상환해야 하는 금액이 너무 커 이를 위해 또 담보대출을 알아보게 되는 등 악순환에 빠지는 경우가 심심치 않게 존재함을 알 수 있다.

준비와 노력 없이 투자 성공을 이룰 수 없다. 남들 따라 아무런 준비와 공부 없이 투자에 달려들어서는 안 된다. 청약만 당첨되면 무조건 돈을 벌 수 있을 것이라는 헛된 생각에 빠지는 우를 범하지 말자.

2018년 변화하는 양도소득세

양도소득세는 개인이 토지나 건물 등의 부동산이나 주식 혹은 분양권 등을 양도할 때 발생하는 이익(소득)에 대해 과세하는 세금을 말한다. 양도소득세는 과세대상이 되는 부동산 등의 취득일부터 양도일까지의 보유기간 동안 발생한 이익에 대해 양도 시점에 일시에 과세하며, 이에 따라 양도로 인해 소득이 발생하지 않거나 손해가 발생했다면 과세되지 않는다.

2018년 1월 1일 이후 변화하는 양도소득세에 대해 자세히 살펴보면, 먼저 1세대 1주택의 경우 종전까지 2년 이상 보유만 하면 양도소득세가 비과세 되었지만(고가 주택 제외), 조정지역으로 지정된 서울, 경기 일부(과천·성남·하남·고양·광명·남양주·동탄2 신도시), 부산(해운대·연제·동래·부산진·남구·수영구·기장군), 세종시 내의 주택에 대해서는 2년 이상 보유 중 2년 이상 거주 조건까지 충족되어야 비과세가 되도록 개정되었다.

또한, 종전에는 일반 주택을 보유한 1세대가 주택을 상속받은 뒤 일반 주택을 먼저 양도하면 비과세 혜택을 받을 수 있었으나 상속개시일로부터 소급해 2년 이내에 부모님 등의 피상속인으로부터 증여받은 주택은 일반 주택으로 보지 않고 과세하도록 강화되었다.

그밖에 1주택을 보유하고 1세대를 구성하는 자가 1주택을 보유하고 있는 60세 이상의 직계존속을 봉양하기 위해 세대를 합침으로써 1세대 2주택을 보유하는 경우에는 종전에는 합친 날로부터 5년 이내에 먼저 양도하는 주택에 대해 비과세 혜택을 주었지만, 이 경우 합친 날로부터 10년으로 적용기간이 연장되었다.

다음으로, 양도소득세율의 기본세율도 조정된다. 과세형평을 강화하고 소득재분배 등을 개선하겠다는 목표로 소득세 최고세율이 조정되었으며, 3억 원 초과 5억 원 이하의 종합소득과세표준 구간을 신설하고, 해당 구간의 소득세율을 40%로 인상하는 내용과 5억 원을 초과하는 종합소득과세표준 구간에 적용되는 소득세율을 42%로 인상하는 내용을 주요 골자로 한다.

과표	세율	누진공제
1,200만 원 이하	6%	
4,600만 원 이하	15%	108만 원
8,800만 원 이하	24%	522만 원
1.5억 원 이하	35%	1,490만 원
3억 원 이하(신설)	38%	1,940만 원
5억 원 이하(신설)	40%	2,540만 원
5억 원 초과	42%	3,540만 원

소득세율과 관련해서는 위에서 언급한 '서울, 경기 일부(과천·성남·하남·고양·광명·남양주·동탄2 신도시), 부산(해운대·연제·동래·부산진·남구·수영구·기장군), 세종시' 등 조정대상지역 내의 다주택자에 대해서는 2018년 4월 1일 이후의 양도분부터 2주택(주택과 입주권을 각각 보유한 경우 해당 주택)은 양도소득세율표의 누진세율(6~42%)에 10%를 더한 추가 세율을, 3주택(주택과 입주권의 합이 3인 경우의 해당 주택)은 양도소득세율표의 누진세율(6~42%)에 20%를 더한 추가 세율을 적용한다는 점을 알아야 한다. 또한, 조정대상지역 내의 주택분양권에 대해서는 보유기간에 상관없이 50%(조합원의 입주권 제외)의 세율을 적용해 과세 됨을 염두에 두어야 한다. 단, 무주택세대 등은 분양권 양도 시 50% 세율을 적용받지 않으니 이점도 참고 해 두자.

06

회사 다니며 부동산을 공부하는 방법

주거지역, 근무지역 등
내가 제일 잘 아는 지역부터 공략하자

직장인으로서 부동산투자를 공부하고, 부동산투자에 나서고자 할 때 가장 먼저 공략해야 하는 곳은 뭐니 뭐니 해도 자신이 사는 지역과 자신이 다니는 직장이 위치한 지역이라 할 수 있다.

자신이 투자할 지역에 대해 몇 번 방문해 둘러보거나 인터넷을 통해 살펴보고, 이야기를 전해 듣거나 지도 등을 통해 확인하며 파악하는 것은 부동산투자 경험이 많고 충분한 공부 등 준비가 되어 있는 사람에게도 그리 쉬운 일은 아니다. 수차례 발품을 팔고 지도를 펼쳐놓고 이것저것 따져본다고 하더라도 해당 지역에 대해 속속들이 알아내기란 여간 힘든 일이 아니기 때문이다. 하물며 직장인으로서 남은 시간을 쪼개 이제 부동산투자에 대해 조금씩 공부하고 있는 사람에게 투자 지역 분석이란 정말 어려운 일이 아닐 수 없다.

그러나 걱정하지 마라. 처음 부동산투자에 대해 공부해야겠다고 결심하고 투자 지역 분석을 처음 시도하기로 마음을 먹었더라도 불안해할 필요는 없다. 우리에겐 그 어느 곳보다 잘 아는 우리의 거주지와 근무지가 있기 때문이다. 자신의 삶을 영위하고 있는 지역에 대해서만큼은 우리도 웬만한 전문가 못지않은 지역 분석이 가능하다. 물론, 거주지 주변에 대해서도 자신이 모르는 정보 등이 있을 수 있지만, 해당 거주지에 대한 전반적인 틀과 이해가 잡혀있는 상태이기 때문에 조금의 조사와 수고를 들이면 비교적 쉽고 빠른 지역 분석이 가능해진다.

거주지 주변의 교통 이점에 대해서만 하더라도 단순히 지역 전체가 교통이 편리하다고 이해하는 것을 넘어, 구역 단위 혹은 버스 정류장 단위 등으로 설정해 교통 이점을 세분화해 판단할 수도 있다. 또한, 어떤 길의 차량 통행량이 얼마나 되는지에 대해서도, 시간 분포 혹은 평일과 주말을 나눠 그에 따른 차량 통행량은 어떻게 되는지, 교통사고 다발구역이 있는지 등도 알 수 있다.

학군도 마찬가지다. 보통 어디서부터 어디까지가 어떤 중학교에 배정받는지, 어떤 아파트는 대부분 어떤 고등학교에 배정받는지 등 보다 정확한 기준을 세밀하게 분석할 수 있다. 그 밖에도 주변에 좋은 유치원의 입지 상황은 어떠한지, 소음 등 고려해야 할 요소나 여타의 불편을 초래하는 요소들은 없는지, 반대로 장점이 될 수 있는 입지 조건들은 어떤 것들이 있는지 속속들이 알고 있고, 모르는 정보가 있다고 하더라도 비교적 쉽게 알아낼 수 있다.

앞서 언급한 '아파트나 주택에 투자 시 투자 목적 이외에 자신과 가족에게 맞는 실거주 요건도 고려하라'는 내용에 적합한 아파트나 주택을 찾는데에서도 내가 잘 알고 있는 거주지의 이점은 큰 장점이 될 것이다.

마찬가지로 상가나 오피스텔 등을 투자하기 위한 투자 지역을 찾아볼 때에도 먼저 직장이 있는 지역부터 공략하는 것이 좋다. 회사들이 다수 포진하고 있는 지역에서 중요하게 고려되는 상권이 어떠한지 해당 지역 직장인들이 주로 찾는 행동반경은  어떻게 되는지, 교통은 편리한지 등 입지요소에 대해 우리는 다른 지역에 비해 훨씬 자세하게 파악할 수 있다. 그리고 그 과정에서 주변 입지의 단점을 개선하고 장점을 극대화할 수 있는 매물을 찾아 투자에 나서는 일도 가능해진다.

핫한 권역을 알아두자

부동산과 관련하여서 직장인이 투자할 수 있는 투자 대상은 아파트나 빌라, 오피스텔 정도를 꼽을 수 있다. 이러한 투자 대상들과 관련해 우리가 알고 있어야 하는 여러 요소 중 하나는 핫한 권역이 존재한다는 사실이다. 그중에서도 가장 중요한 권역 하나를 고르자면 누가 뭐래도 역세권이라 할 수 있다.

역세권에 대해 그냥 역에 가까운 구역으로 흔히 쓰는 말로만 알고 있는

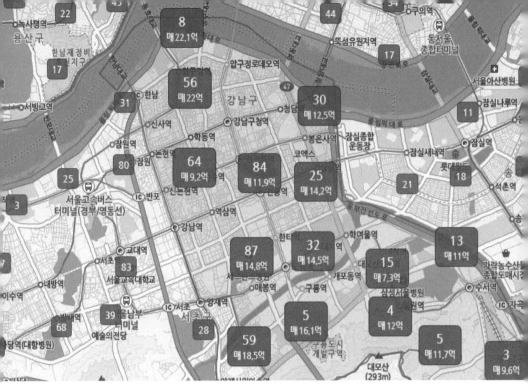

[강남구 일대 아파트의 실거래가 기준 평균 매매가, 〈네이버부동산〉]

사람들이 대다수이지만 사실 역세권은 법률적으로 정의된 용어이다. 역세권은 「역세권의 개발 및 이용에 관한 법률」에 의해 철도역과 그 주변 지역을 말하며 역을 이용하는 주민의 거주지나 상업지, 교육시설 등의 범위를 말한다. 일반적으로 철도나 지하철을 중심으로 500m 반경 내외의 지역이 해당하며 역세권의 결정요인은 거리나 지형 등과 같은 자연적 조건에 더해 접근성과 이용의 편리성, 역 주변의 상권 성숙도, 역으로부터의 거리 등이 된다.

역세권은 전통적으로 인기가 많아 수요가 끊이질 않기 때문에 가격 방어에도 용이한 측면이 있으며 부동산 경기가 좋을 때 가장 먼저 가격이 오른다. 때문에 강남 3구(강남, 서초, 송파) 등을 제외하고 서울에서 핫한 권역을 뽑자면 역세권을 빼놓을 수 없다.

/ 젊어부자의 재테크 특강 직장인 부자 되기

[중랑구 일대 아파트의 실거래가 기준 평균 매매가, 〈네이버부동산〉]

다음으로, 서울에서 핫한 권역을 찾기 위해서는 일단 강남 3구를 기준점으로 잡고 생각해야 한다. 강남 3구는 교통이나 교육, 인프라 등이 모두 갖춰진 곳으로 평범한 직장인으로 투자의 관점에서 접근하기는 어렵다. 위의 왼쪽 지도에서 확인할 수 있는 내용이 강남구 일대 아파트의 실거래가 기준 평균 매매가이며, 오른쪽 지도는 그와 비교해 확실히 낮은 중랑구 일대의 아파트 실거래가 기준 평균 매매가를 볼 수 있다. 그럼에도 불구하고 강남 3구를 기준점으로 두는 이유는 서울의 주택 가격이 강남 3구를 중심으로 강남과의 거리에 맞춰 대략적으로 반비례하기 때문이다. 강남과 가까울수록 주택 가격이 대체적으로 높고, 멀어질수록 주택 가격은 대체적으로 낮다.

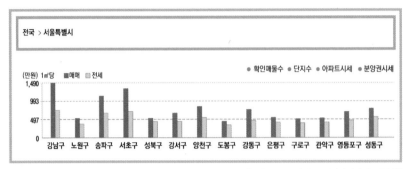

[서울특별시 아파트 시세 〈네이버부동산〉]

위의 표에서 확인할 수 있듯, 강남과 멀어지면 아파트의 평균 시세도 대체적으로 낮아진다.

마지막으로, 우리나라에서 핫한 권역을 논할 때 개발되는 신도시를 빼놓을 수는 없다. 만약 서울에 투자할 여력이 없어 투자할 엄두가 나지 않는다면 신도시로 개발되는 지역의 가장 첫 번째 혹은 소위 대장 아파트를 공략해 보도록 하자. 코스피에는 삼성전자가, 코스닥에는 셀트리온이, 암호화폐엔 비트코인이 있듯이 신도시 등의 아파트 단지에도 해당 지역 아파트의 시세를 이끄는 대장 아파트가 있다. 따라서 신도시 등을 공략할 때 대장 아파트를 먼저 공략하는 것은 매우 중요하다.

또한, 대장 아파트들은 해당 신도시에 악재가 도래해도 최대한 안정적으로 버텨주는 여력도 있다. 동탄 2신도시를 예로 들면 미분양이나 역전세, 세입자 부족 등 악재가 많았지만, 동탄역 앞 시범단지의 대장 아파트들만은 모든 악재를 이겨내고 가격이 상승하고 있다. 이 같은 경우는 다른 신도시의 경우도 비슷하다. 신도시 중에서 중심이 되는 1기 대장 아파트에 대해서는 투자 시 꼭 염두에 둘 수 있도록 하자.

07

좋은 집의 기준을 말한다

좋은 주택을 선택할 수 있는 평가 기준은 사실 개인의 취향에 영향을 많이 받는다. 또한, 좋은 집의 평가 기준은 시대나 사회 환경의 변화에 따라 변하기도 한다. 그럼에도 불구하고 자신이 개인적으로 경험한 좋은 집의 기준을 이야기하고자 하는 이유는 다른 사람이 어떤 것들을 통해 집을 평가하는지를 알아보고 소통하는 과정을 통해 자신이 미처 고려하지 않았던 부분들에 대해서도 알 수 있기 때문이다.

1 위치

나는 서울의 아파트를 기준으로 지하철역에 걸어갈 수 있는 정도의 역세권과 학군이 좋은 학세권을 기준으로 해당 주택의 위치를 평가한다. 특히 역세권 중에서도 순환선인 서울지하철 2호선의 내곽에 존재하는 아파트의 위치를 가장 좋다고 생각하며 그중에서 학군이나 인프라, 접근성 등의 기준을 더해 좋은 아파트를 찾아낸다. 이 위치의 소형 아파트들은 재테크의 관점에서도 높은 투자가치를 가진다고 생각한다.

2 방향

현재 사는 집은 정남향집이며, 개인적으로 남향을 선호한다. 4년째 살면서 거실에 보일러를 틀어본 적이 없고, 한겨울에도 반소매를 입고 생활한다. 겨울에는 거실에서 해가 주방 끝까지 들어오고, 여름에는 거실 창에서 해가 30cm를 넘어들어오지 않는다. 우리나라는 위도상 겨울에 고도가 낮고, 여름에 고도가 높기 때문이다. 그래서 여름에 덜 덥고 겨울에 덜 춥다. 남향이 전통적으로 선호되는 이유이다. 낮에 집에 아무도 없는 집이라 하더라도 낮 동안 해가 들어와 온기가 유지되기 때문에 남향이 가지는 이점은 크다.

따라서 남향을 가장 선호하고 남향 다음으로는 남동/남서향 → 동향 → 서향 → 북향 등의 순으로 선호한다. 하지만 만약 자신의 라이프스타일이 늦잠을 자는 것을 좋아해 해가 좀 늦게 들어오는 것을 선호한다면 남서 또는 서향을 선택할 수 있고, 아침 일찍 해가 들어와 밝게 하루를 시작하고 싶은 사람의 경우에는 남동 또는 동향을 선택할 수 있다.

3 층

좋은 아파트의 기준을 정할 때 층에 대해서도 고려하는 이유는 최근 들어 조망을 신경 쓰는 사람이 늘어 층이 높을수록 시세가 높아지는 등 층에 따라 시세차이가 나기 때문이다. 같은 아파트의 같은 동에서도 층에 따라 시세의 차이를 보이는 것은 아주 흔하며 수억 원의 차이가 나는 경우도 있다. 물론 이 또한 본인과 가정의 라이프스타일에 따라 뛰어노는 아이들이 있다면 1층, 고소 공포증이 있다면 저층을 선호하는 등 본인에게 맞는 집의 기준은 달라질 수 있다.

부동산투자 공부를 시작하는 방법

부동산투자를 시작하고 싶다면 먼저 시세에 관심을 가지는 것부터 시작해야 한다. 서울의 경우, 서울 25개 구의 위치 등 지역적 요소와 지리적 요소를 먼저 파악하고 각 구의 부동산 시세 등을 대략적으로라도 알아두며 점차 시세의 흐름을 파악하고 시세를 읽는 데 능숙해질 수 있도록 해야 한다.

이후 직장인이 할 수 있는 부동산투자 중에 으뜸인 분양 아파트에 대해 집중할 수 있도록 하자. 청약 일정을 주기적으로 모니터링하는 습관을 지니도록 해 혹시라도 찾아온 황금 같은 기회를 놓치는 일이 없도록 하고, 부동산투자 관련 인터넷 커뮤니티 등을 활용해 여러 가지 정보를 얻는 것을 추천한다.또한, 주말에 시간을 내어 관심 있는 지역의 부동산 등을 들려보고 방문(부동산 임장)도 해보고 부동산투자 관련 서적이나 강의 등을 통해 공부를 시작할 수도 있다. 그러나 바쁜 직장인으로서 따로 시간을 내어 공부하기 힘들다면 자투리 시간 등을 활용해 커뮤니티나 각종 부동산 관련 사이트, 각종 기사 등을 확인하는 습관을 통해 기초를 다지고 새로운 정보와 트렌드를 익히는 것도 좋다.

이러한 과정이 생활화되어 습관이 된다면 여러분은 언젠가 부동산투자 전문가로 가는 길에 몇 걸음 크게 들어서 있을 것이다.

부동산투자 핵심 요약

1 부동산은 재테크에 앞서 삶에 있어 가장 기본적인 필수재이다. 이점을 반드시 명심하자.

2 부동산투자에 관한 투자 여력이 많지 않다면, 반드시 실거주를 염두에 두고 투자하자.

3 청약통장은 최소 1억 원 이상의 가치가 있다고 본다. 반드시 가입하고 꾸준히 납입하자.

4 청약을 통해 분양 당첨이 된다고 무조건 돈을 벌게 되는 것은 아니다. 소요되는 비용과 여러 가지 고려해야 할 것이 너무나도 많다. 이것들을 반드시 알고 투자하자.

5 부동산시장은 정부의 정책 등 변화가 큰 시장이다. 늘 관심을 가지고 시장 변화에 촉각을 곤두세우자.

6 부동산투자를 위한 준비와 공부를 하는 만큼 투자 성공의 가능성은 높아진다.

7 특정 지역의 상승만으로 부동산 전체 시장의 흐름을 판단하지 말자. 정확한 상황 판단을 할 수 있는 시야를 가지자.

8 부동산시장 또한 수요공급의 법칙을 따른다. 투자 시 수요와 공급을 항상 염두에 두자.

9 크게 욕심을 부리지 말자. 좋은 위치와 내가 원하는 것을 모두 갖춘 좋은 집을 저렴하게 구할 수는 없다.

10 서울 지하철 2호선 내곽에 있는 지하철역 주변 역세권 소형 아파트는 높은 투자가치를 지닌다.

제 4 장 주식투자

내가 지킨 원칙은 크게 두 가지이다. 첫째는 반드시 목표한 매수가에 도달했을 때만 매수했다. 매수 시점은 고점 대비 30%가 하락했을 때의 시점으로 해당 시점에 30%의 투자를 실행했다. 둘째는 목표한 투자금액을 비율로 나눠 순차매수를 실행했다는 점이다. … 고점 매수는 단 한 차례도 없었고, 절대 조급해하지 않았다.

| 01 |
주식투자 사전학습

주식이란

주식은 무엇을 말하는 것일까? 우리는 이미 주식이 우리 주변에 아주 가까이 자리하고 있는 시대에 살고 있다. 뉴스, 신문 등 각종 미디어는 물론 주변에서 주식투자를 하고 있거나 했던 사람들을 찾는 것은 그리 어려운 일이 아니다. 우리는 주식이 대략 어떤 것인지는 알고 있어도 그에 관해 세세하게 알기엔 다소 어려운 영역이다. 주식에 관한 공부는 대부분 주식투자를 위한 목적을 가진다. 그러나 주식에 관한 난무하는 각종 어려운 용어들, 복잡한 차트, 어지러운 재무제표들을 총체적으로 이해하는 일은 주식 공부의 가장 기초가 되는 사항에 불과하기 때문이다. 주식과 관련된 제반 사항들을 모두 이해하고 공부한 뒤 비로소 주식투자 기법을 익혀야 한다. 그러나 주식투자에 대해서 제대로 공부하고 투자하는 사람들이 그리 많지 않은 것이 현실이기도 하다.

그러나 주식투자는 보통 상대적으로 적지 않은 고액의 투자가 이뤄지고, 자칫하다가는 크게 실패를 볼 수 있는 위험성이 큰 투자 영역이기 때문에 접근하려면 제대로 알고 시작하는 것이 중요하다.

주식,
주식회사의 자본을 구성하는 단위

<표준국어대사전>에 의하면, 우리가 이야기하고자 하는 주식의 정의는 '주식회사의 자본을 구성하는 단위를 뜻한다'고 되어 있다. 그렇다면 주식회사란 무엇인가? 쉽게 말해 '주식회사는 사람이든 기관이든 한 사람이 아닌 여러 투자 주체들이 투자한 자본을 바탕으로 만든 회사'를 말한다. 이때, 주식을 발행해 각 투자 주체에게 주식을 부여하며, 자본과 경영이 분리되는 특징을 가진다. 또한, 투자자인 주주는 투자만 할 뿐 회사에 대해서는 어떤 의무도 부담하지 않으며, 주주는 주주총회 등 결의에 참여할 수 있다.

주식은 대형 우량주 중심의 KOSPI와 벤처기업 중심의 KOSDAQ 등 주식을 거래할 수 있는 유통시장과 신규 상장 혹은 공모주 청약 등을 판매하는 발행시장 등을 통해 거래 가능하며, 이를 통해 주식을 취득하게 되면 해당 회사에 대한 주주가 될 수 있고, 주주로서 권리와 의무도 모두 가질 수 있다.

그렇다면 주식을 취득하는 것은 어려운 일일까? 전혀 그렇지 않다. 주식투자 기법에는 여러 가지 복잡함이 많지만, 주식을 취득하는 것 자체는 상당히 간단하다. 컴퓨터 등을 통한 홈트레이딩(HTS)이나 스마트폰 등을 이용한 모바일 트레이딩(MTS) 등 사용자의 편의에 맞게 주식거래를 할 수 있는 플랫폼이 이미 잘 구현되어 있고, 주식계좌 등은 비대면으로도 만들 수 있다. 따라서 집에 앉아서 계좌를 만들고 HTS나 MTS 등을 이용해 손쉽게 주식을 매수하고 매도할 수 있다. 어떤 기업의 주주가 되는 상당히 중요한 일이 이미 너무 손쉬운 세상에 놓여있다.

기업의 성장 가능성을 보자

단기매매는
너무 불리한 게임이다

주변에서 주식 단기매매를 통해 큰돈을 벌었다는 사람들을 어렵지 않게
만나볼 수 있다. 사실 단기매매는 매우 달콤한 유혹이면서 동시에 매우 어
려운 주식투자 방법이다. 소위 '단타'로 불리는 단기매매는 기술적인 분석
을 상당한 수준에서 요하기 때문에 주로 전문가들에 의한 투자 방식이다.
그러나 현실적으로 실거래 되고 있는 주식투자 중에 단기매매가 큰 비중
을 차지하고 있는 것도 사실이다. 단기매매가 가지고 있는 달콤한 열매, 그
달콤한 매력 때문일 것이다.

　단기매매는 '치고 빠지기식 거래로 하루 혹은 한두 시간 내에도 몇 차례
씩 사고파는 등을 통해 수익을 내는 주식거래방식'을 말한다. 드라마틱한
등락폭을 보이지는 않아도 타이밍만 잘 잡으면 1시간 만에도 2~3%의 수

익을 내는 것도 흔하기 때문에, 많은 사람이 매력을 느낀다. 특히나 저금리 기조로 연 2~3%의 수익이 적지 않게 느껴지는 요즈음엔 그 매력은 더욱 커지기 마련이다. 혹자는 주식 단기매매 시장을 국가가 공인한 도박장과 같다고 말하는 사람들도 있다. 틀린 말은 아니라고 생각한다. 단기매매를 하다 보면, 회사의 가치를 보고 투자한다는 느낌이나 회사의 주주가 된다는 느낌보다는 흡사 도박하는 것과 같은 느낌을 받을 때가 상당히 많기 때문이다.

단기매매는 일반 개인투자자가 접근하기에는 그만큼 도박성이 많은 거래라고 할 수 있다. 확실한 기술적 분석이 가능한 전문가들이 아니고서는 제대로 된 근거를 가지고 대응하기 어려운 현실에 놓여있기 때문이다. 단기매매를 제대로 하기 위해서는 먼저 외국인의 매매 동향이나 환율, 해외 주식시장 등 여러 방면에서 시장의 동향 등을 다각도로 체크해 시장의 흐름을 파악해야 하고, 개인과 외국인 그리고 각종 기관투자 등 각 매매 주체별 증시 수급도 고려해야 한다. 또한, 대세가 되고 있는 테마주나 주도주를 중점으로 거래량 확인, 이동평균선 확인 등을 수행하는 것도 기본 중에 기본이다.

그래서 단기매매는 우리와 같이 직장에 다니면서 재테크로 주식투자를 하는 일반 개인투자자들이 접근하기에는 적절하지 않다. 먼저 자신에 대해 생각해 보자. 재테크, 특히 주식투자 경력은 어떠한가? 물론 경험이 많다고 무조건 투자가 성공할 지도 만무하지만, 경험이 전무하거나 일천하다면 단기매매에 도전하는 것은 도박에 가까운 일이 된다. 또한, 여러분의 투자 여력은 어떠한가? 작게는 몇십만 원에서부터 수억, 수십억 원 이상에 이르기까지 다양하겠지만, 문제는 상대다.

주식시장은 완전히 제로섬게임(Zero-sum game, 모든 이득의 총합이 항상 제로 또는 그 상태)이 적용되는 시장은 아니지만, 단기적으로 보면 돈을 버는 사람이 있으면 반대로 돈을 잃는 사람이 있는 시장이다. 이때 우리가 상대해야 하는 상대는 흔히 말하는 세력이나 기관 등 일반 개미 투자자들에 비해 압도적인 자본과 전문성, 정보력을 갖춘 집단이다. 그들은 단기 거래에 있어 '치고 빠지기'를 가장 잘할 수 있는 집단이며, 많은 자본력 등을 바탕으로 웬만하면 손실을 보지 않는 집단이기도 하다. 따라서 주식 단기매매는 애초에 불리한 게임인 것이다. 우리는 단타가 아닌 다른 접근법을 통해 그들을(주식을) 상대해야 한다.

최소 3년은 보고 매수하자

가치투자란 기업가치를 보고 투자하는 방식을 말하는데, 주식시장에서 기업가치는 주가로 표현되므로 해당 기업가치평가가 주가보다 낮을 때 주식을 취득해 주가가 기업가치평가를 상회할 때 팔아 이득을 챙기는 투자 방식을 일컫는다고 할 수 있다.

이는 기업가치와 주가의 관계에서 발생하는 핵심적 차이에 의해 가능하게 된다. 기업가치의 변화 방향에 주가가 결국에는 대체적으로 일치하는 방향으로 흘러가지만, 단기적으로 주가는 기업가치에 비해 큰 유동성을 보이기 때문이다. 기업가치와 무관한 여러 가지 외부 요인 등 주가의 상승이나 하락 요인 등에 의해 주가는 크게 상승하기도 하고 크게 하락하기도 한다. 예를 들어, 다음 차트를 통해 볼 수 있듯이 삼성전자 등 대형 우량주는 기업가치가 비약적으로 상승하거나 하락하지 않음에도 주가는 저점 대비 고점이 큰 폭의 변화를 보이고 있음을 알 수 있다.

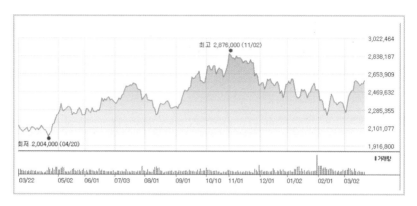

[삼성전자의 1년 주가 동향 2017.3~2018.3 - 네이버 금융]

기업가치평가

따라서 가치투자는 변동성이 큰 주가가 아닌 기업의 내재적 가치를 분석해 투자하게 된다. 그렇다면 기업가치는 어떻게 평가할 수 있을까? 기업가치를 산정하는 방법으로 주요하게 사용되는 도구는 주가와 기업의 재무제표에 표현된 여러 가지 정보들을 통해 얻은 각종 산출 비율들이다. 대표적으로 주당순이익 EPS와 주가수익비율인 PER, 주가순자산비율 PBR 등이 있다. 어렵고 복잡한 용어처럼 보이지만 주식을 조금만 공부하게 되면 가장 중요하면서도 자주 접하게 되는 개념인 만큼 확실히 이해하고 자주 활용할 수 있도록 하자.

먼저, 주당순이익 'EPS'란, Earnings Per Share의 약자로, 주당순이익을 말하며, 당기순이익을 유통주식수로 나누어 구한다.

$$EPS(주당순이익) = \frac{당기순이익}{유통주식수}$$

즉, EPS는 어떤 기업이 1년간 주식 1주당 얼마만큼의 수익을 냈는지를 판단할 수 있는 지표이다.

다음으로 'PER'이란 Price Earnings Ratio의 약자로, 주가수익률을 말한다. PER은 해당 기업의 주가를 주당순이익인 EPS로 나눈 비율로, 현재 형성된 주가가 주당순이익 EPS의 몇 배만큼인지를 알아볼 수 있는 지표이다.

$$PER(주가수익률) = \frac{(해당\ 기업)\ 주가}{EPS(주당순이익)}$$

PER은 상대적인 지표로 비교 대상이 있을 때 활용 가능하며, 동종 업종이나 비슷한 규모 등 경쟁사 여러 곳의 비교군이 있을 때 활용하기 쉽다.

PER이 높은 경우	PER이 낮은 경우
• EPS 평균, 주가가 높은 경우 → 장래성 인정받고 성장하는 기업 • 주가 평균, EPS가 낮은 경우 → 경영상 수익이 줄어든 경우	• EPS 평균, 주가가 낮은 경우 → 외부 요인 등으로 주가 하락 • 주가 평균, EPS가 높은 경우 → 성장이 정체된 기업 등

PER의 경우 EPS와 주가의 관계를 통해 구하는 만큼 PER이 높은 경우와 낮은 경우로 나눠볼 수 있으며, 해당 결과의 요인 분석을 통해 각각 해석할 수 있다.

먼저, PER이 높은 경우, 주당순이익은 평균수준인 데 비해 주가가 높은 경우 혹은 주가는 평균수준인 데 비해 주당순이익이 낮은 경우 등으로 나눠볼 수 있다. 전자의 경우에는 현재의 이익보다 주가가 높다는 뜻이므로 시장에서 장래성을 인정받고 성장하고 있는 기업의 경우에 해당하며, 후자의 경우는 경영상 이익이 낮아 PER이 높아진 경우에 해당한다.

또한, PER이 낮은 경우는 주당순이익은 평균수준이지만 주가가 낮은 경우와 주가는 평균수준인데 반해 주당순이익이 높은 경우로 나누어 생각해볼 수 있다. 전자의 경우는 외부 요인 등에 의해 주가가 떨어진 경우 등을 생각해볼 수 있으며, 후자의 경우는 성장이 정체된 기업이거나 업계의 경기가 부진할 경우, 주식 발행 물량이 적은 경우 등을 생각해볼 수 있다.

그렇다면 실제적으로 EPS와 PER을 통해 무엇을 알 수 있을까?

먼저, 기업의 가치가 주가로 표현된 적정주가를 산출할 수 있다. 현실 투자에서는 각종 증권사나 투자기관 등에서 제공하는 자료 등을 통해 얻은 예상 순이익을 통해 예상 주당순이익을 구한 뒤 여기에 주가수익률인 PER을 곱하는 방식으로 적정 주가, 즉 기업의 가치를 구하게 된다.

EPS와 PER의 경우에는 각각의 증감률이나 추세 등을 통해서도 기업가치와 관련한 여러 가지 정보를 얻을 수 있다. 예상 EPS의 전년 대비 증가율 등이 높을수록 주가 상승률이 대체로 높다는 점과 PER 증감 추세가 큰 폭의 기복을 보인다면 기업의 수익모델이 취약함을 의미한다는 것 등이 그에 해당한다.

다음으로, 주가순자산비율 'PBR'은, Price Book-value Ratio의 준말로, 주가를 주당순자산으로 나누어 구한다.

$$PBR(주가순자산비율) = \frac{주가}{주당순자산}$$

여기서 순자산이란 재무제표에서 총자본 혹은 자산에서 부채를 차감한 금액을 통해 구하며, PBR은 주가가 1주당 순자산의 몇 배로 거래되고 있는지를 알아볼 수 있는 비율이라 할 수 있다. PBR이 1이라면 특점 시점을 기준으로 기업의 1주당 순자산이 주가 같은 경우를 의미하며, PBR이 낮을수록 해당 기업가치가 주가를 기준으로 저평가된 것으로 볼 수 있고, PBR이 1보다 낮게 되면 주가가 장부상 청산가치에도 미치지 못함을 의미하게 된다.

또한, PBR은 주가수익률인 PER과 기업의 수익성 등을 측정하는 자기자본이익률 ROE의 곱으로도 구할 수 있어, 기업의 자산가치에 대한 평가를 넘어 수익가치도 평가할 수 있는 지표라 할 수 있다. 따라서 여러 금융기관 등은 PER보다 PBR을 더 기업가치를 잘 나타내는 지표로 비중 있게 다루고 있음을 알아두자.

3년 이상의 장기투자

기업가치의 분석 등을 통해 성장 가능성이 높은 회사를 찾았다면, 다음으로 3년 이상의 장기투자를 권한다. 무엇보다 장기투자는 안정성에 있어 비교적 높은 우위를 가진다. 일단 단기투자에 비해 감정적으로 사고파는 행위를 획기적으로 줄일 수 있고, 경영성과분석 등을 통해 좋은 기업에 대한 포트폴리오 등을 구성하고 장기투자를 하게 되면 시장의 상승을 놓치게 될 위험 등도 줄어들게 된다.

　그렇다면 장기투자를 위해서는 무엇을 해야 할까? 일단, 활동하고 있는 시장 내 점유율이 높고 우량한 기업과 성장 가능성이 높은 유망종목을 찾아 투자하는 것이 가장 중요하다. 물론 이들 모두 완벽한 정답을 도출하기는 어렵다. 모두 기본적으로 미래에 대한 예측이 결부되기 때문이다. 따라서 수많은 투자기법에 제시된 여러 가지 기준 중 자신이 중요하다고 생각하는 몇 가지 준거 틀을 통해 우량기업과 성장 가능성이 높은 유망종목 등을 분류해 내고 관심 깊게 살펴보는 자세를 갖는 것이 중요하다.

　이에 대해 '오마하(Omaha)의 현인'으로 불리는 세계적인 투자의 귀재 워렌 버핏(Warren Buffett)의 투자기법을 통해 우량기업과 유망종목을 분류해 보면, 먼저 필수재를 생산하는 기업이 좋고, 경쟁하는 다른 대안 기업들이 적을수록 좋으며, 정부의 규제 등 외부적 저해요소가 적고 기업의 자산 등이 튼튼해 불황 등을 이겨낼 수 있는 기업을 유망기업으로 판단한다. 버핏은 이에 더해 복잡하지 않은 사업구조를 가진 기업이나 전망이 좋은 기업을 투자하기 좋은 기업으로 보며, 자기자본 수익률과 매출과 수익 등의 증가 추세, 사내 유보금, 기업가치 등을 중점적으로 고려대상으로 삼는다.

　우리가 현실적으로 탐구하는 기업과 유망종목 분석도 이를 크게 벗어나지 않는다. 대략적으로 이 정도의 틀 내에서 기업이 활동하는 시장 내에서 시장 점유율 등을 함께 고려해 투자 대상으로 삼는 것이 좋다. 이러한 종합적인 과정에는 정량적인 평가뿐 아니라 정성적인 평가가 함께 수

반되는 만큼 복잡하고 어렵지만 제대로 된 방향으로 열심히 노력해 찾은 만큼 좋은 성과가 찾아올 가능성이 높다는 것을 늘 명심하고 투자할 수 있도록 하자.

　나의 경우, '신라젠'이라는 회사의 주식을 상장 이전인 2016년부터 투자하기 시작했다. 바이오주가 테마주로 승승장구하는 현실 속에서, 암 백신을 연구개발하는 회사 중에는 신라젠이 독보적인 위치를 차지하고 있다고 보았다. 전망이 좋으므로 수요가 클 것으로 보고 유망종목으로 분류해 투자했다. 결과적으로 신라젠은 2017년 1,000% 이상의 수익을 가져다준 효자 종목이 되었다. 신라젠은 2018년 3월 현재 코스닥 시가총액 2위의 기업이다.

　어떠한가, 우량한 종목을 찾아 발굴하는 매력을 여러분도 느껴보고 싶지 않은가?

차트는 모든 트레이딩의 지도와 같다

주식투자 시 종목을 선정하거나 매수·매도 시점 파악을 위해 혹은 주가의 추세 등을 알아보기 위해 많은 투자자가 차트 분석을 활용한다. 차트 분석은 기본적으로 과거 기록한 데이터들을 통해 미래를 예측하고자 하는 추세 분석을 기본 바탕에 두고 심리학적 분석이나 수학적 분석 등 다양한 지식과 개념을 총동원해 이루어진다.

　차트 분석은 어떤 큰 변화가 있지 않다면 지금 현재 지속되는 추세는 계속적으로 이어지는 방향으로 이어질 것이라는 특성과 어떤 주가 모형 등은 반복되어 나타난다는 특성, 그리고 주가는 기업가치와 다르게 움직이다가도 종래에는 기업가치에 일정 정도 회귀하는 특성을 보인다는 등의 몇 가지 개념적 토대를 가지고 있다.

주식투자에서 차트를 분석할 때 활용되는 차트의 종류는 다양하다. 그중 가장 기본이 되는 차트로는 '봉차트'(Candle Chart, 일정 기간 동안의 주가 변동을 막대그래프로 작성한 것)가 있다. 봉차트는 봉을 통해 시가와 종가, 고가와 저가 등을 한눈에 알아볼 수 있다. 보통은 여러 개의 봉이 이어진 연결도표를 통해 투자 분석에 활용하게 되는데, 봉의 모양을 분석해 매수세가 어떠한지, 매도세가 어떠한지 등을 판단할 수 있다.

또한, 그래프를 구성하는 '추세선'(Trend Line, 주가가 어느 기간 동안에 움직이는 방향을 알기 쉽게 표시하려고 그린 선)을 통해서도 주가 흐름 등을 파악할 수 있다. 추세선은 주가의 흐름에 따른 추세를 알아보기 쉽도록 직선으로 나타낸 선을 말한다. 주가가 자연스럽게 움직일 때 그 안에서 고점과 저점 중 대표할만한 의미 있는 두 고점이나 저점 등을 연결해 표현하게 되며, 추세선의 기울기 등이 주요한 판단 대상이 된다. 보통은 45° 각도 정도의 기울기가 있을 때 이상적인 상승추세로 판단하며, 추세선의 모양과 거래량 등 함께 고려할 만한 제반 요소들을 함께 판단의 근거로 삼아 투자 분석을 시행한다.

다음으로, 일반적인 투자자들이 투자 판단에 있어 가장 많이 활용하는 '이동평균선'(Movin Average)도 알아두어야 한다. 이동평균선이란 '주가의 흐름을 더욱 명확히 알아볼 수 있도록 주가의 평균가격을 연결시킨 선'으로 주가의 진행방향을 나타내 주어 미래의 주가 동향 등을 알아볼 수 있도록 해

준다. 이동 평균선은 주가뿐 아니라 거래량을 나타낼 때에도 활용되며, 기간별로 세분화해 표현할 수 있기 때문에 주가와 거래량 등에 대해 단기적 관점뿐 아니라 중·장기적으로도 흐름을 쉽게 파악할 수 있도록 해 준다.

이동평균선을 활용하면 먼저 주가의 흐름을 통해 추세를 파악할 수 있다. 주가가 상승추세에 있는지, 하락추세에 있는지를 쉽게 파악할 수 있는데, 이와 더불어 내가 주요한 투자 기법으로 삼고 있는 '횡보하는 추세'의 경우도 쉽게 파악할 수 있다. 이동 평균선이 횡보하고 있다면 대체로 주가가 이동평균선의 위로 상승하는 추세에 있다면 매수할 수 있도록 하고, 주가가 이동평균선의 아래로 하락하는 추세에 있다면 매도할 수 있도록 하는 것을 원칙으로 한다.

[네이버 금융]

※ 횡보하는 차트의 예 : 해당 종목은 전년 대비 고점과 저점 사이에서
2018년 초 박스권을 형성하고 횡보하는 모습

차트나 그래프 분석 등과 관련해서는 수많은 분석 툴이 존재한다. 대표적으로 반복되어 온 여러 가지 모양의 그래프에 대한 분석을 통해 법칙으

로 정리된 패턴 등도 다수 파악되어 있다. 삼봉천정형이니 이중천정형이니 V자형 천정형이니 약세박스권이니 원형 바닥형이니 하는 것들이 모두 패턴을 통한 주가 분석 툴에 해당한다.

이외에도 각종 보조지표들 또한 매우 다양하다. MACD, DMI, 이격도, 투자심리선, P&F 차트, 삼선전환도, 볼린저 밴드 등 각종 용도에 따라 아주 다양한 보조 분석 지표 등이 존재한다. 이와 함께 그래프와 차트 등에 보조지표를 함께 고려해 종합적으로 투자 분석에 활용하는 각종 이론도 많다. 엘리어트 파동이론이나 다우 추세 이론 등이 대표적이다.

우리는 전문가가 아니다. 각종 보조지표들을 포함해 모든 이론을 섭렵하고 투자에 자유자재로 활용하는 것은 매우 어려운 일이다. 그러나 대표적인 차트 분석 방법에 대해서는 알아두어야 하고, 자신만의 투자기법의 활용을 돕는 여러 가지 차트 분석 등은 더욱 확실히 익혀둘 필요가 있다. 그를 통해 자신의 투자 기법을 보다 공고하게 할 수 있을 것이다. 잊지 말자, 차트는 모든 트레이닝의 지도가 되어 여러분에게 길을 일러줄 것이다.

반복되는 사이클을 주의 깊게 보자

주식에서 반복되는 사이클이 가진 의미

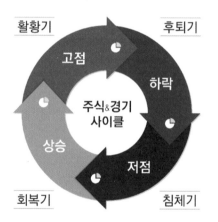

거시적으로 보면, 각종 경기 변동에 사이클이 있듯 주식에도 사이클이 존재한다. 이는 경기가 회복기에서 활황기로, 활황기를 지나 후퇴기로, 후퇴기에서 침체기로, 침체기를 거쳐 다시 회복기로 돌아가는 사이클과 거의

동일하다. 어떤 주식인지에 따라 주기는 계속적으로 바뀔 수 있고, 제각각이지만 크게 보든 작게 보든 특정 주식과 주식시장, 국내 주식시장과 전 세계 주식시장 모두가 이 사이클 속에 있다.

미시적으로 보면, 어떤 주식이 기업의 내재적 가치보다 떨어지는 하락의 시기를 거치고 나면 후에는 그 주식을 취득해 시세차익을 도모하려는 시장 참여자들이 늘어나게 마련이고 그로 인해 다시 주가 등 시황이 좋아져 주가 상승의 정점을 찍고 나면, 다시금 하락의 시기가 도래하는 것이 하나의 주기를 이룬다는 것이다.

즉, 주가는 오르면 언젠가는 내릴 것이고, 내려간 주가는 언젠가는 올라가기 마련이라 주식이 한창 오르고 있다고 절대 오를 것으로 맹신해서는 안 된다. 올라만 가는 종목은 단언컨대 없다. 자신이 취득하려는 시점이 고점에 가깝다면 더 오를 확률보다는 내려올 확률이 훨씬 큰 것으로 여겨야 한다. 추가적인 호재와 매수세 등이 미약하다면 욕심을 버리고 냉정하게 투자하는 편을 선택해야 한다. 고점에 가까워질수록 수익 실현을 위한 매도세도 그에 맞춰 강해질 수밖에 없으니까 말이다.

사이클을 통해 주식을 대하는 자세

일단, 가장 중점적으로 생각해야 하는 점은 고점을 완벽하게 특정하지는 못해도 고점에 가까워가고 있는 주식은 되도록 피해야 한다는 것이다. 조만간 당장 상한가가 도래할만한 호재 등의 재료가 있는 종목이라고 할지라도 이미 오늘의 가격이 전고점에 가깝다면 한 번 더 참는 인내를 발휘하

자. 이 종목은 1년 전 혹은 6개월 전, 아니면 한 달 전, 그것도 아니라면 바로 어제도 살 수 있는 종목이었음을 먼저 떠올리고, 주가가 오르고 뉴스 등 여러 곳에서 좋다는 말이 들리니 그제야 감정적으로 착각 속에 해당 주식에 끌리는 내 모습을 바로 볼 수 있도록 해야 한다.

> 이번 구성은 마지막 대박 구성으로 다시는 찾아오지 않을 마지막 기회라고 늘 광고하지만, 또 더 좋은 구성으로 찾아오는 홈쇼핑의 경우처럼 생각하자. 해당 종목을 통한 대박 기회가 다시는 오지 않을 기회 같지만, 절대 그렇지 않다. 기회는 도처에 널려있고, 끊임없이 다시 찾아올 것이다.

한 달 혹은 1년을 기점으로 돌아보면, 수많은 기회가 있었음을 손쉽게 찾아볼 수 있을 것이다. 남들이 다 좋다고 하고 한창 오를 때는 이미 늦었다. 늦었다면 나와 인연이 없었다고 생각하고 편하게 보내주자. 그리고 다음 유망 종목을 찾는 노력에 더 힘을 쓰도록 하는 편이 좋다.

그렇다면 사이클을 활용할 순 없을까

사이클을 활용하려면 단타매매 등을 노려볼 수 있다. 바이오 테마주 중 가장 핫한 '셀트리온'을 예로 들어보자. 다음 차트는 셀트리온의 3개월 일봉을 나타낸다. 차트를 통해 보면 셀트리온의 거래량이 일정 수준 이상 꾸준히 유지되고 있음을 확인할 수 있고, 따라서 단타매매의 가능 조건을 만족한다는 것을 확인할 수 있다.

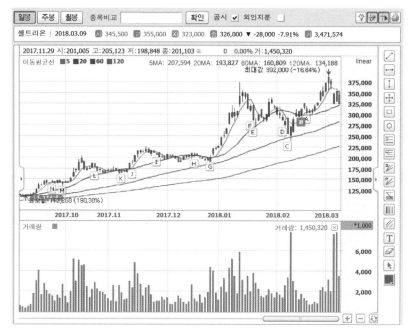

['셀트리온 3개월일봉', 네이버 금융]

　만일 어떤 종목의 거래량이 급격히 늘고 있다가 빠른 시간 내 줄어들고 이후 유지되고 있는 모습을 보인다면 그 종목은 이미 소위 세력이라 불리는 큰손 등이 이미 빠져나간 뒤로, 소수의 개인투자자만이 거래하고 있는 종목으로 볼 수 있기 때문에 그런 종목이라면 단타매매로 접근하는 것은 옳은 판단이 아니다. 단타매매의 기본 조건인 거래량을 만족시키지 못하기 때문이다.

　셀트리온은 코스닥에서 코스피로의 이전과 신약인 램시마 등의 개발 호재 등으로 매출 확대가 예상되고 있는 종목이었다. 거래량과 호재가 만족되었기 때문에, 이러한 상황이라면 단타매매를 통한 수익 실현이 가능한 종목임이 명확했다. 더욱이 주가도 거시적으로 보아 우상향을 보이고 있고, 한 번에 고점으로 올라가지 않고 박스권을 거치면서 저점을 다지고 올라가고 있기 때문에 망설일 이유가 없었다.

그렇다면 구체적으로 어떻게 접근했을까? 일단 원칙은 고점을 최대한 피하는 것에 있다. 다시 차트를 보면 1월 초 셀트리온의 주가는 37만 원 정도에서 고점을 형성하고 있었음을 알 수 있다. 셀트리온에 당면한 주요 악재라 하면 공매도와 관련한 이슈를 들 수 있었는데 코스피로 이동하게 되면서 그것마저 정리될 수 있었기 때문에 1월 초를 기점으로 크게 올랐다. 나는 그 이전부터 셀트리온에 주목하고 있었지만 11월 중순 이후부터는 계속적으로 고점 부근에 박스권을 형성했기 때문에 해당 종목을 매수하지 않았다. 매수 시점은 1월 중순경 37만 원의 고점 대비 30%가량 주가가 하락해 26만 원 선에 주가가 형성된 시점이다. 이때부터 투자하겠다고 마음먹은 금액의 30%를 투자에 활용했다.

내가 지킨 원칙은 크게 두 가지이다. 첫째는 반드시 목표한 매수가에 도달했을 때만 매수했다. 매수 시점은 고점 대비 30%가 하락했을 때의 시점으로 해당 시점에 30%의 투자를 실행했다. 둘째는 목표한 투자금액을 비율로 나눠 순차매수를 실행했다는 점이다. 30%가 하락했을 때 총 예정 투자금의 30%를 투자했던 것처럼 이후 5%가 더 하락할 때마다 순차적으로 매수해 30%, 40%, 30% 등 비율을 나눠 순차적으로 매수했다. 그 과정에서 10% 정도의 수익을 내고 매도를 하게 된다고 해도, 다시 추후에 목표 매수가에 도달하면 비율에 따라 30%든 40%든 분할 매수를 진행한다.

이 책의 제1장에서 나의 주식 수익률을 공개했다. 수익률에는 이러한 방식이 크게 도움을 주었다. 위와 같은 투자기법을 통해 투자한 종목들, 즉 카카오, 네이버, 신라젠, 삼성전자 등이 성과를 가져다 주었다. 해당 종목들은 셀트리온과 마찬가지로 투자 당시 거래량이 살아있었고 호재가 살아있었으나 사이클 등에 따라 떨어지는 시점이 있었다. 그때를 잘 관찰하였다가 순차 매수를 통해 수익을 실현했다. 고점 매수는 단 한 차례도 없었고, 절대 조급해하지 않았다.

주식에서 호재와 악재는 어떤 것들이 있을까

주식에서의 대표적인 호재는 뭐니 뭐니 해도 첫째로 영업 실적의 개선을 들 수 있다. 영업 이익이 늘고 매출액이 크게 증가하는 것은 기업에는 물론 주식에서도 큰 호재라 할 수 있다. 반대로 영업 이익이 감소하고 매출액이 크게 감소하는 것은 대형 악재에 해당한다고 할 수 있다. 이와 관련된 용어로 '어닝 서프라이즈'(Earning Surprise, 깜짝실적)와 '어닝 쇼크'(Earning Shock, 실적충격)가 있다. '어닝 서프라이즈'는 시장에서 예상하던 실적에 대비해 깜짝 실적을 발표하는 경우를 말하며, 이때 주가가 큰 폭으로 상승할 수 있다. 이와 반대로 '어닝 쇼크'는 시장의 예상치보다 저조한 실적을 발표하게 되는 경우로 주가 하락을 이끄는 대표적인 악재에 해당한다.

또한, 기업의 재무구조가 개선되거나 외부적인 환경의 변화 요인 등을 통해 기업의 영업 활동이 강화되는 경우도 호재에 해당할 수 있다. 부채가 줄거나 자본이나 자산이 증가하는 경우 등이 재무구조 개선의 예가 될 수 있고, 수출기업의 경우 환율이 상승하거나 원재료 등 제조원가를 줄일 수 있는 방향으로 상황이 변화하는 경우 등이 외부 환경의 변화를 통한 기업의 영업활동 강화의 대표적인 예가 된다. 이와는 반대로, 자본금이 감소하거나 부채가 크게 느는 경우, 또 환율이 하락하고 원재료가격이 크게 오르는 경우 등이 악재에 해당할 수 있다.

이 밖에도, 신기술이 개발되거나 특허권이 취득되는 경우, 신사업에 진출하거나 액면분할이 되는 경우, 기업이 자사주를 직접 매입해 소각하는 경우, 업계 경쟁사에 악재가 있는 경우, 소위 세력이라 불리는 외국인, 큰손 혹은 기관투자자 등의 매수가 이어지는 경우, 애널리스트의 추천 종목에 해당하는 등 시장에서 매수 추천 분위기가 있는 경우 등이 호재에 해당한다고 할 수 있다.

반대로, 업계 경쟁이 심화되거나, 특허 분쟁이 발생하는 경우, 노사 갈등이 극에 달하는 경우, 경영진의 횡령 등 부패가 발생한 경우, 애널리스트 등 시장의 매도 추천 분위기가 있고 소위 세력이라 불리는 외국인이나 큰손, 기관투자자 등의 매도가 이어지는 경우 등이 악재에 해당한다고 할 수 있다.

호재성 재료	악재성 재료
① 영업 실적 개선 – 어닝 서프라이즈	① 영업 실적 악화 – 어닝 쇼크
② 재무구조 개선	② 재무구조 악화
③ 영업활동 강화(외부적 요인)	③ 영업활동 악화(외부적 요인)
④ 기타 – 신기술 개발, 특허권 취득, 신사업 진출, 액면분할, 자사주 매입 및 소각, 경쟁사 악재, 세력의 관심, 애널리스트 등 시장의 매수 추천 분위기	④ 기타 – 업계 경쟁의 심화, 특허 분쟁, 노사 갈등, 경영진의 횡령 등 부패, 애널리스트 등 시장의 매도 추천 분위기

| 04 |
종목 선정 방법

앞서, 나의 경우 우량주나 성장 가능성이 높은 기업의 주식에 투자하고 있음을 언급했다. 말만 들어도 좋다. 우량한 기업과 성장 가능성이 높은 기업이라니, 당장 투자를 시작하면 내게 일확천금을 가져다줄 것 같다. 물론 진짜 우량한 기업과 성장이 확실시되는 기업의 경우 투자자에게 큰 이익을 가져다줄 가능성이 대단히 높은 것이 사실이다. 그러나 중요한 것은 해당 종목을 찾아내기란 결코 쉽지 않다는 것이다. 여러 가지 기준이나 각종 준거 틀을 통해 해당 기업을 찾아내도, 그 미래를 장담하기란 대단히 어려우므로 확신하기 힘들다. 또한, 여러 가지 외부적인 요인에 대한 예측이 어렵고 갑자기 발생 가능한 악재들이 있기 때문에 투자 성공을 장담할 수도 없는 것이 현실이다.

그러나 그렇다고 해도 우량주나 성장 가능성이 높은 기업을 발굴해 내는 과정을 통해 성공의 가능성이 높아질 수 있다는 것만은 분명하다. 앞서,

워렌 버핏의 종목 선정 기준 등을 소개하기도 했지만, 이 이외에도 좋은 종목을 선정할 수 있는 여러 가지 기준 등이 있다. 이에 대해 알아볼 수 있도록 하자.

관심 있는 분야 10개 종목에서 시작하라

일단, 관심 대상으로 삼을 종목을 찾을 때 먼저 자신이 관심 있는 분야의 10개 종목을 살펴보기를 권한다. 기본적으로 주식투자의 베이스에는 기업 가치를 고려한 가치투자가 깔려있어야 하므로 해당 기업이 업계에서 어느 정도의 위치와 입지를 가졌는지, 해당 산업의 전망은 어떠한지, 호재나 악재의 도래 가능성은 어떠한지 등 단일 기업을 분석하기 이전에 해당 산업 전반에 대한 이해도가 높아야 한다.

이때, 자신이 관심 있는 산업 등에 대해서는 전혀 관심을 가지지 않았던 산업 등에 비해 아무래도 정보의 양은 물론 디테일까지 챙길 수 있을 것이다. 즉, 내가 잘 아는 산업과 분야부터 살펴보라는 의미가 된다. 이는 앞서 부동산투자에서 자신의 거주 지역과 회사 부근 지역부터 먼저 투자 대상으로 고려해 보라는 것과 일맥상통한다.

10개 종목을 비교하는 방법

그렇다면, 내가 관심 있는 분야의 10개 종목을 비교하는 방법은 어떤 것

들이 있을까? 주식에 관심이 있었던 사람이라면 '블루칩'이나 '옐로칩' 등에 대해 들어본 적이 있었을 것이다. 이는 기업가치를 중심으로 종목을 나누어 평가할 때 사용되는 개념에 해당한다.

종목 분석 - 기업가치를 중심으로

먼저, 블루칩(Blue Chip)이란, 안정적인 이익이 장기간 창출되고, 배당을 주기적으로 지급해 왔고, 수익성이 좋고, 재무구조가 건실한 주식인 대형 우량주를 지칭하는 용어이다. 카지노에서 사용되는 칩 중 가장 가치가 높은 칩이 블루칩이라는 점에서 유래되었다는 설이 있다. 우량주의 기준을 디테일한 기준을 통해 명확하게 구분하기는 물론 어렵다. 기업가치는 복잡하고 다층적인 수많은 요소의 조합을 통해 산출되기 때문이다. 그러나 일반적으로 고려하는 기준은 시가총액, 성장성, 수익성, 안정성 등이 대표적이다.

미국의 경우 대표적인 블루칩 종목으로 '다우지수'를 구성하는 30개 종목을 들 수 있다. 다우지수란 미국의 다우존스사가 산출하는 주가지수로, 미국의 안정된 주식 30개를 표본으로 시장가격을 매긴다. 이것은 미국 증권시장의 동향과 시세를 알 수 있는 대표적인 지수에 해당하는데, 2018년 10월 현재 다우지수를 구성하는 30개 종목은 아메리칸 익스프레스, 맥도널드, 월트디즈니, 다우듀폰, 나이키, 존슨&존슨, P&G, 3M, 홈디포, 엑슨 모바일, 인텔, 유나이티드 헬스, 월그린즈 부츠 얼라이언스, 트레블러스, 월마트 등 우리가 잘 알고 있는 세계적 기업 등이 주를 이룬다(YAHOO FINANCE, Dow Jones Industrial Average[다우지수], 2018. 10. 30.). 우리나라의 경우에는 삼성전자나 현대자동차, SK텔레콤, 현대중공업, 신한지주, 네이버 등이 대표적인 블루칩 종목이라 할 수 있다.

블루칩 종목들은 기본적으로 안정적이면서도 수익성 등 건실함을 담보로 하기 때문에 주목할 만하며 시장을 이끌어 가는 측면도 있기 때문에 좋은 종목을 발굴하거나 평가하는데 주요한 기준이 될 수 있다.

다음으로, 옐로칩(Yellow Chip)이란 시가총액 등 규모에 면에서 블루칩에 비해 부족한 면이 있지만, 재무구조가 안정적이고 업종을 대표하는 준(準)우량주를 일컫는다. 성장 가능성이 높은 주식 중 안정성까지 가지고 있는 주식에 해당한다고 할 수 있으며, 블루칩과 같이 부각되지는 않아도 기업의 내재가치나 상승 여력 등을 다수 가지고 있고, 블루칩에 비해 낮은 주가 등을 통해 거래량도 비교적 많은 특성을 가진다. 우리나라의 경우 대표적으로 LG전자, 한화, 한진해운, LS, LG디스플레이, 동부화재 등을 옐로칩으로 볼 수 있다.

또한, 기업 실적이 극적으로 개선되는 어닝 서프라이즈를 기대할 수 있는 턴어라운드주(Turn Around Stock)도 있다. 턴어라운드주란 적자 상태에 있다가 실적의 개선 등을 통해 해당 연도의 흑자전환이 예상되는 기업을 칭하며, 흑자 폭이 커지면 커질수록 주가가 탄력적으로 상승하는 경향성을 보인다. 부도 등 기업의 큰 위기를 겪은 뒤 구조조정에서 성공한 경우나 여러 가지 외부적 요인 등을 통해 경기의 개선으로 영업 실적이 개선되는 경우 등 유형은 다양하다.

턴어라운드주에 해당하는 종목은 외국인이나 기관 투자자 등 세력이 가장 관심을 가지고 발굴하기 원하는 기업에 해당하기도 하는데, 이에 대해서는 우리와 같은 개인도 얼마든지 노력 여하에 따라 발굴할 수 있다. 기업 분석 자료를 증권회사 등 다양한 루트를 통해 수집해 분석하고 경제나 주식 관련 신문이나 잡지 등 다양한 정보를 접하는 습관을 들인다면 우리도 실적이 크게 개선되어 주가가 크게 상승할 가능성이 높은 턴어라운드주를 찾아낼 수 있을 것이다.

이 밖에도, 성장주(Growth Stock)로 불리는 성장 가능성이 높은 종목은 현재 창출하는 이익 자체는 적어 EPS가 다소 낮지만, 수익 규모 등과 비교해볼 때 주가가 높아 PER이나 PBR이 높은 기업에 해당하는데, 통상적으로 보는 성장주의 요건은 산업의 장래성과 기업의 장래성 등이 높고 유능한 경영자가 있으며 업계를 선도하는 기업으로 일시적 불황 등을 이겨낼 여력이 있는지, 그리고 매출액이나 이익금 등이 성장세에 있고 투자가 적극적인지 등을 살핀다. 단순히 신제품이나 신기술, 신약 개발 등 획기적인 수익증가를 가지고 올만 한 기업이 아니라고 해도 장래에 큰 수익을 기대할 수 있는 다양한 기업의 주식을 성장주로 평가하며, 기본적으로는 해당 기업이 속한 산업의 수요가 앞으로 증가할지를 가장 중점적으로 고려하게 된다.

종목 분석 – 증권시장의 흐름을 중심으로

지금까지 기업가치 등을 중심으로 종목을 살폈다면, 이외에 증권시장의 흐름이나 산업의 흐름 등을 통해 종목을 평가하는 것을 알아보자. 증권 시장의 흐름 등을 통해 구분 가능한 주식의 대표적인 유형으로는 선도주와 테마주 등이 있다.

선도주란, 주도주 혹은 주력주 등으로도 불리우며, 주식시장 혹은 업계

내에서 현시점의 전반적인 주가를 이끌어가는 주식의 집합을 말한다. 산업이나 시대 등의 흐름에 발맞춘 기업군 등으로 주가 변동을 주도하며 동종 업계의 주식 등이 동시에 선도주로 부상하게 되면 해당 산업은 선도 산업 혹은 선도 업종으로 칭한다. 선도주는 단기적으로는 몇 개월, 장기적으로는 수년간 지속할 수 있고 대체로 사이클을 그리는 것이 특징이다.

우리나라의 경우 1970년대 건설주, 2000년대 초반 벤처 열풍, 2000년대 중반 조선이나 철강, 자동차 주, 2010년대 초반 스마트폰 관련 주, 2010년대 중반 들어 최근까지 제약주, 바이오주, 화장품 관련주 등 시대의 증시를 선도했던 주식 등을 선도주와 선도업종의 예로 들 수 있다.

테마주는 정치나 사회적 이슈, 사회 패러다임의 변화 등에 따라 어떤 새로운 사건이나 현상이 발생하는 등 투자자들의 관심이 어느 한 곳에 집중되는 경향을 보일 때 등장한다. 투자자들이 주목해 해당 산업이나 분야와 관련된 종목이 관심주가 되어 큰 상승세에 돌입하게 될 때 이러한 종목이나 종목군을 테마주로 칭하게 되는데, 정치나 경제, 사회나 문화 등 모든 방면의 이슈와 계절, 날씨, 유행, 선거, 특정 사건, 대형 스포츠 이벤트 등 매우 다양한 현상에 의해 형성될 수 있다.

테마주의 경우 기업의 내재적 가치나 실적 등 보다 해당 테마주에 관심을 부여한 특정 재료에 민감하게 반응하는 경향성을 보이며, 주가의 기복이 심한 특징을 가지지만 단기간에 엄청난 위력을 보여준다는 특징을 함께 보인다. 언제든 다시 자신의 자리로 돌아올 리스크가 크지만, 엄청난 주가 폭등을 일으키기도 하는 것이다.

우리나라의 경우 대표적으로, 2002년 월드컵 관련 수혜주, 무선인터넷 관련주 등과 2000년대 초 사스 관련주, 조류독감이나 광우병, 쓰나미 관련주, 신행정수도 관련주를 들 수 있으며, 이후 줄기세포 관련주나 전기차, 태양광 등 에코 관련주, 헬스케어, 의료기기, 바이오 등 웰빙 관련 주, 한류 열풍에 따른 K팝 관련주, 사물인터넷, AI 등 4차 산업 관련주 등이 대표적인 테마주에 해당한다.

앞서 언급한 워런 버핏의 종목 선정 방법 등과 지금 소개한 여러 가지 대표적인 종목의 구분법 등 좋은 주식을 찾기 위한 노력은 과거부터 지금까지 계속되고 있다. 이에 100% 맞는 답을 찾기란 계속 이야기하지만 힘들다. 따라서 지금 소개한 방법에 더해 기업가치 분석 등 다양한 분석 툴을 통해 관심 분야의 10개 종목을 종합적으로 비교할 수 있도록 하자. 노력하는 만큼 성공에 가까워질 수 있다. 다양한 방법으로 충분히 고려해 자신만의 비교법을 찾아낼 수 있도록 하자.

핵심 3종목을 선정하는 방법

우리의 목표는 관심 분야의 10개 종목을 선정하고 비교하는 과정을 통해 핵심이 되는 3종목을 선정해 투자에 나서는 것이다. 그런데 10개 종목을 비교하는 과정에서 고려할 요소들이 너무 많아 복잡한가? 그렇다면 궁극적으로 3종목을 도출하기 위한 핵심이 되는 선정방법에 대해 구체적으로 이야기해 보도록 하자.

우리가 투자하려는 회사는 우량하면서도 성장 가능성이 높은 종목이다.

따라서 가장 먼저 재무제표 등 기업가치를 분석하는 것이 우선이다. 앞서 살펴보았던 주당순이익 EPS와 주가수익률 PER, 주가순자산비율 PBR 등을 해당 기업이 입지한 시장 내에서 혹은 업종 내에서의 비교를 통해 해당 종목이 기업에 내재 된 가치보다 저평가되어 있는지를 살펴보는 것이 먼저다. 물론 EPS 등의 경우에는 증권사 등에서 도출된 예상 EPS 등을 활용해 과거가 아닌 미래의 예측 수치를 더욱 비중을 두어 살펴야 하며, 그를 통해 앞으로의 수익 창출 능력과 전망이 좋은 기업을 찾아낼 수 있도록 하자.

다음으로, 기업의 매출액이나 이익 등의 증가세 등을 추세로 확인하고 시장 평균과 비교해 어떠한지를 살펴야 하며, 앞으로 수요가 급증할 가능성이 높은 제약, 바이오주나 제4차 산업혁명과 관련된 AI, IOT 관련주, 에코 관련주 등에 대해서는 산업별, 기업별로 성장성을 예측해볼 수 있도록 하자. 이와 관련해서는 많은 정보를 수집하고 애정 있게 관심을 가지고 공부하는 것이 중요하다. 결국, 전망과 성장에 대한 확신 등은 투자를 결정하는 자신이 책임져야 하기 때문이다.

이후, 블루칩과 옐로칩, 턴어라운드주 혹은 선도주나 테마주에 해당하는지 등을 살펴볼 수 있도록 하자. 기업가치를 중심으로 시장 내에서 해당 종목의 입지는 어떠한지, 턴어라운드의 가능성이 있는지, 시장 흐름을 선도하고 있는지, 시대 흐름에 발맞춰 테마주에 해당하는지 등은 주요 고려 대상이라 할 수 있다. 이러한 기업들은 기본적으로 성장성이 높은 종목에 해당하기 때문이다.

마지막으로, 외국인이나 기관투자자, 큰손 등 소위 세력이 매수하고 있는 종목인지 등도 고려 대상이 될 수 있으며, 거래량이 일정 수준 이상 유지되는 종목을 선정하도록 하자. 중장기 투자를 많이 하는 경향이 있는 외국인 등의 경우 성장성을 면밀히 살피는 특성이 있기 때문이며, 거래량이 너무 적게 되면 관심 부족을 나타낼 수도 있고, 추후 매수 등에 있어서도 쉽지 않을 가능성이 많기 때문이다. 이처럼 여러 가지 고려 요소를 종합해 핵심적으로 내가 투자할 3가지 종목을 선정해 보도록 하자. 처음 도전하는 경우 쉽지 않겠지만, 꾸준히 공부하고 경험을 쌓아가다 보면 언젠가 길이 보일 것이라 확신한다. 노력을 통해 성공하는 투자를 이뤄낼 수 있도록 하자.

05

꼭 이해해야 하는 투자 방법

증권통장 개설 시 주의할 점

증권계좌의 개설은 정말 간단하게 진행된다. 주식투자를 경험해 본 사람이라면 모두 주식투자용 증권계좌를 개설해 보았을 것이다. 증권계좌는 신분증과 도장(서명도 가능)을 챙겨 은행이나 증권사 등을 방문하고 간단한 신청서 작성 절차만 거치면 금방 개설된다. 최근에는 온라인을 통해 비대면으로도 개설할 수 있으니 이보다 더 간편할 수 없다.

그렇다면 손쉬운 만큼 아무 곳에서나 개설해 주식투자에 활용하면 될까? 물론 그렇지 않다. 고려해야 할 몇 가지 주의할 점이 있다. 먼저, 거래 수수료를 따져보아야 한다. 주식의 거래 시에는 수수료가 부과되는데 이는 증권사별로 제각각이다. 또한, 수수료와 관련해서는 수수료 전면 무료 등의 프로모션이 진행되는 경우도 종종 있으니 꼭 따져보고 자신에게 유리한 증권사를 선택해 계좌를 개설할 수 있도록 하자.

또, HTS(Home Trading System, 인터넷을 통해 집이나 사무실에서 주식거래를 할 수 있는 프로그램)나 MTS(Mobile Trading System, 스마트폰이나 태블릿 PC 등을 활용한 주식거래 시스템) 등의 시스템에 대해서도 잘 살펴보아야 한다. HTS나 MTS 등이 잘 갖추어져 있고 주식거래하기 편하게 시스템이 구성되어 있는가는 주식거래에 있어 매우 중요하게 생각해야 하는 요소 중 하나다. 투자자의 편의를 위해 여러 가지 기능이 잘 구현되어 있고, 차트의 분석 등이 용이한 HTS 시스템은 투자에 있어 큰 이점을 가져다준다. 이외에도 증권사의 선정은 인지도나 신용도 등을 종합적으로 고려해 선택할 수 있도록 하자.

주식투자용 여유자금의 기준

주식투자를 하는 중이라고 하면 종종 듣게 되는 질문이 있다. "여유자금 좀 있나 봐?"라는 말이다. 주식투자를 한다고 하면 그래도 비교적 큰 규모의 자금이 필요하다는 인식이 작용한 결과라 생각된다. 그렇다면 주식투자용 여유자금이라는 것의 기준은 과연 무엇일까?

사실상 답이 없는 질문이다. 사람마다 주어진 경제 상황이 다른데 절대적인 투자금액을 굳이 정하는 것도 의미가 없을 뿐 아니라, 비율 등을 통해 적정 투자금액을 구한다고 해도 아무런 근거 없이 그냥 설정하는 기준에 불과하기 때문이다. 삼성전자 등 코스피 대장주의 경우 2백만 원을 상회하는 주가를 기록하고 있기 때문에 해당 주식 등에 투자하기를 원한다면 물론 큰돈이 필요할 수 있다.

그러나 주식시장에는 비교적 값싼 주식도 상당히 많기 때문에 적은 돈으로도 투자 자체는 얼마든지 가능하다. 2018년 3월을 기준으로 1,000원 미만의 주식이 30여 개 정도 존재하고, 2,000원으로 범위를 확대하면 80 여 개의 종목, 5,000원 미만의 종목은 200여 개가 넘게 존재한다. 물론 보통 거래량이 많고 투자가 유망한 종목의 경우 일정 정도 이상의 주가가 형성되어 있을 개연성이 높지만, 비교적 저렴한 종목 중에서도 추후 성장 가능한 진흙 속의 진주와 같은 종목이 숨어있지 말라는 법은 없다. 진흙 속에 있던 진주와 같은 종목들이 우량주가 되는 시나리오는 얼마든지 가능성이 있는 이야기일 뿐 아니라 그동안 있었던 이야기이기도 하다.

그렇다면 주식투자용 여유자금의 기준을 설정할 수 있을까? 투자의 정도를 떠 올려 보자. 어떤 투자가 되었건 투자의 방향을 결정짓는 양대 축은 안정성과 수익성에 있다. 안정성과 수익성의 관계 설정을 어느 정도로 할 것인지에 따라 투자의 방향이 결정된다. 극단적인 안정성을 지향하는 투자를 실행할 수도 있고, 반대로 극단적인 수익성을 지향하는 투자를 실행할 수도 있다. 물론 우리는 양극단을 추구하기보다는 보통 둘을 적절히 섞어 우리에게 맞는 투자 방향을 도출해 낸다.

주식투자용 여유자금의 기준을 설정할 때에도 마찬가지이다. 투자 계획의 설정부터 실행 후 투자를 종료할 때까지 모든 의사결정에서 책임은 투자자 본인에게 있다. 따라서 자신이 추구하는 투자 방향에 따라 안정성과 수익성의 측면에서 본인이 적절하다고 생각하는 수준의 투자 자금을 설정할 수 있어야 한다. 극단적으로 수익만을 추구해 자신의 경제적 상황에 대해 고려 없이 무리한 투자를 하는 것도 적절하지 않고, 그렇다고 너무 안정만 추구하는 것도 바람직한 투자는 되지 못한다.

자신이 매월 수입에서 어느 정도의 비율의 금액을 투자해야 혹시 있을지 모르는 투자 실패의 경우에 지나친 타격 없이 감수할 수 있을지, 레버리지 효과 등 투자의 수익성을 위해 어느 정도의 투자 금액 이상을 투자하는 것이 좋을지 등 안정성과 수익성을 모두 조율하면서 자신에게 맞는 투자 자금을 설정해 보자. 그렇게 각자가 추구하는 투자 성향에 맞는 투자 자금을 설정하게 되면 그를 여유자금이라 여기고 투자에 나설 수 있도록 하자. 앞서 언급했듯, 대단한 여유자금이 있어야만 투자를 할 수 있는 것도 아닐 뿐 아니라 투자에 있어서는 여유자금의 수준보다는 투자 후 자금의 관리와 투자에서 원칙을 지키는 것이 더욱 중요하다.

분산투자(분할투자)의 원칙

주식에 투자를 시작하게 되면 흔히 '분산투자'를 하라는 이야기를 많이 듣게 된다. 이미 주식투자에서 분산투자란 기본 중의 기본이 되어 있는 투자법이다. 'Don't put all your eggs in one basket.' 분산투자를 표현하는 격언으로 '달걀을 한 바구니에 담지 말라'는 이야기는 이미 진부한 말이 되었다. 기본적으로 분산투자는 투자 위험을 줄이기 위해 고안된 투자법이다. 여러 종목에 분산해 투자함으로써 각각이 지니고 있는 위험에 대한 완화 효과를 노리는 것인데 무엇보다 안정성 높은 투자를 목적으로 한다.
분산투자의 방법에는 첫째로, 주식형 펀드나 부동산 펀드, 채권형 펀드 등 투자 대상을 다양화해 자산을 분산하는 방법과 투자 시점을 나누어 특정 시기 한 번에 위험을 집중하지 않도록 하는 방법, 그리고 국내와 해외에 대한 투자 등 투자 지역을 분산하거나, 블루칩, 성장주, 가치주 등 투자 대상 등과 관련한 투자 스타일을 분산하는 방법 등 다양한 분산투자 방법이 있다.

물론 이와 같은 분산투자가 무조건적으로 좋은 정답은 아니다. 분산투자를 통해 시장 전체에 도래하는 위험까지 모두 제거할 수는 없다. 글로벌 금융위기가 든 세계가 불황에 접어들 때 분산투자가 그를 전적으로 방어해 주는 것은 불가능하다. 또한, 분산투자는 집중투자 등에 비해 과도한 위험을 분산하는 효과가 있는 대신 수익률도 함께 낮아질 가능성을 내포하고 있다. 즉, 안정성을 담보하는 대신 수익을 일부 포기해야 한다.

워렌 버핏 등은 이와 관련해 분산투자에 대해 "분산투자는 정보가 많지 않은 투자자들에게 투자 시 보호 수단이 될 수 있으나, 확신할만한 정보가 많은 투자자에게 합리적인 일은 아니다"고 언급했다. 따라서 투자자 자신이 자신에게 맞는 투자 성향을 고려해 적절하게 투자 방법을 선정할 필요성이 있다. 무조건 분산투자만 맹신할 필요는 없는 것이다.

예를 들어 보자. 분산투자의 유형은 아주 다양하다. 분산투자를 위한 포트폴리오의 구성은 무수한 경우의 수를 가질 수 있다. 먼저, 자신의 투자 포트폴리오에 우량주와 성장 가능성이 높은 주는 어떤 비율로 배분할지, 선도주를 어느 정도의 비율로 섞을지, 특정 테마주는 어느 정도로 투자할지, 턴어라운드주에는 얼마나 투자할지 등 종목 등에 대한 기준에 더해 투자 기간과 관련해 장기 투자 항목과 단기 투자 항목은 어떻게 배분할지 등 지금껏 알아본 모든 기준을 절충하면서 극단적으로 안정성을 추구할 수도 있고, 수익 추구를 극단적으로 노려볼 수도 있으며, 둘을 절충할 수도 있다.

또한, 공개했던 나의 투자법과 같이 한 종목에 대한 투자 시에도 고점과 목표 가격을 중심으로 비율을 정해 어느 정도 하락하면 투자 목표액의 어느 정도 비율을 투자할지, 그보다 가격이 하락하면 또 어떻고 가격이 올라 매도 시점이 되면 또 어떻게 매도할지 등 다양한 분할 투자 방법의 매커니즘을 적용할 수 있다.

이는 모두 투자 위험을 보다 안정성을 추구하기 위한 분산투자의 기본 정신을 활용하는 방법에 해당한다고 할 수 있다. 이를 꼭 원칙으로 삼고 자신만의 투자 스타일을 정립해 갈 때 필수적으로 활용할 수 있도록 하자. 자신의 상황과 시장의 상황을 늘 연동하면서 안정성을 추구해야 할 때와 수익을 노려야 할 때, 둘을 절충해야 할 때 등 투자의 기본 방향을 조율할 수도 있고 기본적으로 투자의 안정성을 높여주는 최고의 도구가 될 것이다.

06

극비! 주식 필승기술 공개(분할매수의 비밀)

핵심은 등락 후 횡보하는 주식

앞서, 사이클을 통한 활용에서 밝혔듯 나의 타깃이 되는 종목은 거래량이 꾸준하게 살아있고 호재가 있는 것들이다. 2018년 3월을 예를 들어 보면, 그 조건을 만족하는 종목으로 '삼성전자'를 들 수 있다. 삼성전자는 누가 뭐라 해도 우리나라를 대표하는 기업으로 코스피 대장주이며, 늘 세계 최초, 세계 최강 등이 수식어가 붙는 휴대폰 등 제품 출시와 반도체, 제4차 산업의 성장성 등을 기업가치에 내재하고 있는 기업이다.

삼성전자는 2017년 11월 287만 원의 고점이 형성된 이후 현재 220~250만 원의 박스권에서 횡보를 거듭하고 있다. 목표 매수가격은 220만 원이었다. 나는 그때 매수하여 구매 중이고, 이후 주가가 10% 하락할 때마다 3번에 나누어 순차적으로 매수 중이다. 앞서 언급한 셀트리온의 순차 구매와 세부적 수치가 다른 것은 종목의 규모 등을 토대로 나름의 산정 기준을 달리하기 때문이다. 이에 대해 완벽한 정답을 예측하는 것은 불가능에 가깝다. 다만 순차적으로 구매하면서 분할매수의 효과를 누릴 수 있어 리스크를 줄일 수 있다는 최대 장점은 크게 부각될 여지가 있다. 아무리 우량한 기업에 호재가 잔뜩 있다고 해도 어떤 리스크가 발생할지는 아무도 모른다. 갑자기 전쟁이 나거나 정치적인 이슈로 수출길이 막히는 일이 절대 발생하지 않을 것이라 누구도 장담할 수는 없기 때문이다.

매수보다 중요한 매도 타이밍

주식을 조금이라도 아는 사람이라면 공감할 것이다. 매수보다 중요한 것은 적절한 매도 타이밍을 잡는 것이다. 너무 빨라도 안 되고 너무 늦어도 안 되는 매도 타이밍! 흔히들 '무릎에서 사서 어깨에서 팔라'는 말을 한다. 여기에서의 교훈은 고점에 팔지 못해 아쉬워하지 말라는 것으로 생각한다. 자신이 정한 매매 원칙과 기법 등을 수행하면서 목표한 금액이 왔을 때는 아쉬워하지 말고 매도할 수 있는 자세를 견지하는 것이 무엇보다 중요하다. 요즈음 주식 어플리케이션이나 프로그램 등을 통해 본인이 설정한 주가나 목표 수익률에 도달했을 때 알려주는 서비스 등이 잘 발달되어 있다. 우리와 같은 직장인들은 항상 호가창을 띄워놓고 모니터링할 수 없는 현실에 놓여 있으므로 이를 잘 이용해 매도 타이밍을 확실히 잡자. 목표 금액이 되면 반드시 매도해 수익을 보고, 혹시나 하는 아쉬움은 또 다른 종목에서 찾거나, 해당 종목의 다음 매수 기회를 통해 만회할 수 있도록 하자.

주식투자 핵심 요약

1 매매는 반드시 정해진 목표에 따라 움직이자.

2 수익을 내는 습관을 지녀 재미를 붙이자.

3 자기만의 매매기법을 만들자. 본인의 매매기법 없이 남의 의견에 의해, 운이 좋아 타이밍이 잘 맞아 떨어져 발생하는 수익은 다음 투자 시 더 큰 손해로 돌아올 수 있다.

4 기본적인 지표, 주식 용어는 기본으로 알아야 한다. 흔한 주식 용어도 모르고 주식을 한다는 것은 돈을 잃겠다는 말이다.

5 지나간 종목에 아쉬워하지 말자. 1원의 수익만 냈더라도 만족하자. 그리고 그에 따른 기회비용을 생각하자.

6 매매방식과 분산투자에는 여러 가지 방식이 있겠지만 본인이 항상 모니터링 하고 컨트롤(분할매매) 가능한 종목만 담자. 본인의 경우 3개 이상의 종목을 동시 보유하지 않는다.

7 달리는 말에 올라타면 큰 수익이 발생할 수 있다. 하지만 모든 투자는 오르막이 있으면 내리막도 있다는 것을 알자.

8 항상 손해 보는 투자를 진행 중이라면, 수익 내는 사람들의 투자 방식을 유심히 살펴보고 본인의 투자 방식에 녹여 보자.

9 현금보유도 투자다. 반드시 언제든 가용 할 수 있는 여유자금을 가지고 투자를 진행하자.

젊어부자의 재테크 특강

직장인 부자되기

부록

투자 스터디

투자 스터디

| 01 |
비트코인(BTC)이 갖는
암호화폐시장에서의 위치와 의미

비트코인(BTC)은 2009년 1월부터 가동된 꽤 역사가 있는 코인이다. 2010년 5월 비트코인 1만 개와 피자 2판이 교환되는 첫 실물 거래가 이루어졌고, 이후 차츰차츰 비트코인이 알려져 지금의 시장을 만들어 냈다. 금일 시세(2018. 10. 30. 업비트 기준)로 비트코인 1만 개면 717억 원 정도 되는 것이다. 관심 있는 사람이라면 익히 들어 알고 있을 것이다.

비트코인(BTC)의 의미에 대해 알아보자.

먼저 비트코인을 전송해본 사람은 알겠지만, 굉장히 느리다. 전 세계 수천만여 대의 채굴기들이 다음 블록을 찾아내려고 노력하고 있지만 그게

투자 스터디

쉽지 않은가 보다. 원래 네트워크에서는 1블록이 지나가면 데이터가 전송되게 되어 있으나, 일반적으로 거래소에서는 안전한 거래차 2~3컨펌, 즉 2~3개 블록이 지나가야만 실제 나의 잔고로 입금해 준다. 이러한 과정을 기다리다 보면 비트코인은 블록 주기도 일정하지 않고 전송 속도가 꽹장히 느리다는 것을 알 수 있다.

또한, 비트코인은 특별한 기능이 없다. 이더리움은 대표적으로 '스마트 컨트랙트'(Smart Contract) 기능이 적용된 첫 암호화폐이다. 단지 거래 수단만이 아닌 추가적인 기능이 들어간 것이다. 최근 발행되고 있는 암호화폐들은 목적에 따라 여러 가지 기능들이 정말 많이 들어가고 있다. 속도도 빠르고, 블록사이즈도 크고, 다양한 기능들도 접목하였다. 그럼에도 불구하고 비트코인은 항상 대장 자리에 우뚝 서 있다.

지금 현재 암호화폐시장에서 거래되고 있는 대부분 코인이 실사용에 사용되는 경우가 거의 없다. 대부분 사람들도 그냥 일반적으로 사고파는 재테크 수단으로만 보고 있지, 이게 실사용에 쓰이든 말든 관심도 없다. 이게 현실이다. 아무리 기능이 좋아 이렇다저렇다 한들 실제 쓰이고 있는 놈은 없다는 것이다.

언젠가는 암호화폐를 개발하는 그들이 개발 초기 목표한 바와 같이 세상에 쓰일 날이 올 것이고, 그랬으면 하는 바람이다. 과연 그렇게 될지는 의문이지만 말이다.

이게 현재 내가 생각하고 있는 암호화폐시장이다. 사실 이러한 엄청난 기능들을 가지고 있는 새로 개발되는 암호화폐보다, 아무 기능도 없고 단지 데이터 이동만 가능한 비트코인에 훨씬 높은 점수를 주고 싶다. 비트코인은 최소한 목적에 맞게 움직이고 있기 때문이다.

비트코인의 개발 목적은 발행 주체가 있고, 관리 주체가 있는 기존의 현금을 대체 하는, 즉 현금의 단점을 보완한 탈중앙화 화폐 개발이 목적이다. 목적에 맞게 현재 잘 움직이고 있다. 이만큼 개발 목적에 맞게 잘 움직이는 암호화폐가 있는지 한번 찾아보길 바란다.

암호화폐, 비트코인을 부정하는 사람들은 대다수 이렇게 말한다.

"아니, 이렇게 느려서 실제 어떻게 사용해요?"
"내 지갑에 들어오는 데까지 10분이나 걸리는데, 그럼 결제하고 10분을 기다려야 하는 건가요?"

이러한 기능들은 지금 나오는 신규 암호화폐들이 해줄 것이다. 비트코인은 금이다. 마트에 가서 사과 한 개를 사는데, 현금이 없다고 금으로 계산하려 한다? 물론 가능할 수도 있을 것이고 불가능할 수도 있을 것이다.

사실 이렇게 생각하는 게 가장 간단한 것이다.

투자 스터디

비트코인은 '금'(Gold)이다.

먼 옛날 은행의 탄생으로 돌아가 보면, 금 보관소에 금을 보관하고 영수증을 받아(훗날 지폐) 이 영수증으로 거래하던 게 지금의 현금이 되었듯이, 비트코인은 금과 같은 존재이며, 이것을 실사용에 사용하기 위해 좀 더 빠르고 목적에 맞는 타 암호화폐로 교환하여 사용하는 것이다.

한번 JTBC에서 진행했던 한 토론회에서 유시민 작가가 나와서 했던 말이 아직도 기억난다. 그는 절대 남에게 지기 싫어하는 사람이며, 토론을 위해 나름 공부해왔나 보다. 그가 가장 강하게 밀던 대목 중 하나가 이 부분이었다.

"이렇게 느려서야 어떻게 실생활에 사용된다는 거예요?"

금도 분명히 돈(자산)이다. 하지만 실생활에서 사과 하나를 사는데 금을 낼 수는 없는 일이다. 비트코인 느려서 실사용에 사용하기에는 불편하다. 하지만 이 비트코인은 실제 현금으로도 쉽게 바꿀 수 있고, 현재 개발 중인 빠르고 안전하고 다양한 기능이 접목된 그러한 암호화폐로 교환도 할 수 있다.

나는 암호화폐 긍정론자도 부정론자도 아니다. 암호화폐의 옳고 그름을 떠나, 시대의 흐름을 받아들이지 않고 되려 거꾸로 돌리려는 유시민 작가는 다시 은행이 만들어지기 전 세상으로 돌아가 무거운 금덩어리를 들고 다니며 마트에서 장을 봤으면 하고, 외국 나갈 때 배낭에 금덩어리를 짊어지고 다니면 한다.

여기까지가 내가 생각하는 '비트코인'(BTC)의 위치와 의미이다.

| 02 |

암호화폐시장에서의 기축통화란?
'떡락장' 발생 이유

암호화폐시장, 아직도 굉장히 낯설다. 사실 대다수 사람이 매매
를 통해 현금으로의 수익을 목표로 한다. 이 글을 보고 있는 대다수 사람
도 마찬가지일 것이다. 암호화폐 매매를 통해 실제 현금으로 수익을 내기
전 반드시 알아야 할 것이 있다. 암호화폐시장에서의 기축통화는 '비트코
인'(BTC)이다. 최근 이더리움, 이오스, 퀀텀 등을 기축으로 하는 거래소들이
생겨나고 있지만, 공공연히 이 시장의 기축통화는 분명 비트코인이다.

재미있는 사실을 하나 알아보자.

★ Favorites	BNB 시장	BTC 시장	ETH 시장	USDT 시장				Q 조회
	페어	Coin	마지막체결가	전일대비	24h 고가	24h 저가	24h 거래량 ▼
★	ETH/BTC	Ethereum	0.031073 / $197.47	-1.64%	0.031805	0.030834	4,731.36305415
★	XRP/BTC	Ripple	0.00007039 / $0.447342	-1.12%	0.00007149	0.00006872	3,944.46970781
★	PHX/BTC	Red Pulse Phoenix	0.00000473 / $0.030060	-7.80%	0.00000540	0.00000432	2,758.33729804
★	KEY/BTC	Selfkey	0.00000119 / $0.007563	-9.16%	0.00000133	0.00000116	2,381.95788695
★	AST/BTC	AirSwap	0.00001604 / $0.101937	16.40%	0.00001836	0.00001335	1,651.08957104
★	TUSD/BTC	TrueUSD	0.00015962 / $1.01	2.18%	0.00016150	0.00015576	1,833.00822725
★	NCASH/BTC	Nucleus Vision	0.00000086 / $0.005465	0.00%	0.00000095	0.00000080	1,552.06039258
★	DENT/BTC	DENT	0.00000044 / $0.002796	7.32%	0.00000049	0.00000040	1,470.80423569
★	TRX/BTC	TRON	0.00000350 / $0.022243	-3.05%	0.00000362	0.00000341	1,336.14904779
★	IOTX/BTC	IoTeX	0.00000297 / $0.018875	-8.90%	0.00000348	0.00000292	1,234.64518666
★	EOS/BTC	EOS	0.0008113 / $5.16	-2.88%	0.0008397	0.0008030	1,180.61997937
★	BNB/BTC	Binance Coin	0.0014835 / $9.43	-0.32%	0.0014975	0.0014780	1,158.70901844
★	POLY/BTC	Polymath	0.00004697 / $0.298503	-5.87%	0.00005259	0.00004579	1,126.11617315
★	BCC/BTC	Bitcoin Cash	0.066151 / $420.40	-2.47%	0.068040	0.065300	1,092.47833129
★	WTC/BTC	Walton	0.0005368 / $3.41	8.18%	0.0005517	0.0004879	1,089.79117369
★	LTC/BTC	Litecoin	0.007811 / $49.64	-2.69%	0.008039	0.007603	1,063.79357192
★	RVN/BTC	Ravencoin	0.00000720 / $0.045757	-4.00%	0.00000751	0.00000704	933.13514957
★	MFT/BTC	Mainframe	0.00000148 / $0.009406	-6.92%	0.00000171	0.00000143	785.36330227
★	ARN/BTC	Aeron	0.00011648 / $0.740253	-5.08%	0.00012337	0.00010634	777.18649591
★	DOCK/BTC	DOCK	0.00000466 / $0.029615	-10.21%	0.00000521	0.00000448	776.98807771

[Binance 거래소의 거래 현황]

코인 ⇕	실시간 시세 ⇕	변동률(%) 24시간 ⇕	거래금액 ⇕	시가총액 ⇕	보조지표	바로가기
비트코인 BTC/KRW	7,149,000 원	-91,000 원 (-1.25 %) ▼	≈ 512,162,402,294 원	125조2916억	↻	⇄
이더리움 ETH/KRW	221,900 원	-6,300 원 (-2.76 %) ▼	≈ 63,922,309,515 원	23조1108억	↻	⇄
리플 XRP/KRW	504 원	-11.00 원 (-2.13 %) ▼	≈ 45,907,382,184 원	20조3147억	↻	⇄
비트코인 캐시 BCH/KRW	471,100 원	-19,200 원 (-3.91 %) ↓	≈ 17,458,764,399 원	8조2880억	↻	⇄
이오스 EOS/KRW	5,795 원	-240 원 (-3.97 %) ↓	≈ 126,986,820,837 원	5조3041억	↻	⇄
라이트코인 LTC/KRW	55,900 원	-2,100 원 (-3.62 %) ↓	≈ 214,648,722,969 원	3조3052억	↻	⇄
에이다 ADA/KRW	117 원	-5.00 원 (-4.09 %) ↓	≈ 272,496,291 원	2조0551억	↻	⇄
모네로 XMR/KRW	115,000 원	-1,500 원 (-1.28 %) ▼	≈ 218,578,178,860 원	1조9116억	↻	⇄
트론 TRX/KRW	25.10 원	-1.00 원 (-3.83 %) ↓	≈ 5,822,016,764 원	1조6550억	↻	⇄
대시 DASH/KRW	193,000 원	-2,400 원 (-1.22 %) ▼	≈ 4,428,003,945 원	1조4560억	↻	⇄
이더리움 클래식 ETC/KRW	10,190 원	-500 원 (-4.67 %) ↓	≈ 78,364,510,627 원	1조0817억	↻	⇄
뉴이코노미무브먼트 XEM/KRW	160 원	-4.00 원 (-2.43 %) ↓	≈ 84,964,915 원	9209억	↻	⇄

[빗썸 거래소의 거래 현황]

위의 두 거래 현황을 비교해보면 바이낸스(Binance)는 홍콩(싱가폴)에 있는 세계 최대 거래소이고, 빗썸은 국내에서 운영 중인 자칭 세계 1등 암호화폐 거래소이다.

다른 점은 바이낸스는 모든 코인의 가격이 비트코인 대비 얼마, 즉 사토시(Satoshi Nakamoto, 최초 비트코인 창시자로 알려졌으나 정확한 정보는 없다)로 표시되고 뒤쪽에 원화(달러)로 전환 시 예상 가격이 표시되는 한편, 빗썸은 코인별 원화로만 표시됨을 알 수 있다.

하물며, 외국 거래소들의 경우 'USDT'라는 테더, 거래소 코인을 따로 발행하여 비트코인, 테더, 거래소 코인 ↔ 원화 이런 식으로 거래하지, 원화로 이오스를 구매하는 것은 불가능하다.

투자 스터디

이게 무엇이 중요한가? 중요하다! 곱하기 천만큼 중요하다. 이것은 암호화폐시장의 가장 큰 특징 중 하나이고, 이 부분을 정확히 이해하고 있어야만 급등·**급락장**에서의 대응이 가능하고, 진짜 원화로 환산하였을 때 수익 실현이 가능한 것이다.

전 세계 거래량 상위 거래소를 찾아보면 모든 거래소의 기축통화가 비트코이지만, 우리나라는 대부분 원화로 거래되고 있다. 사실 국내거래소가 유독 친절한 것일 수도 있다. 원화만 입금하면 그 원화로 원하는 암호화폐를 살 수 있기 때문이다. 또한, 이러한 이유로 모든 거래소에서 장부거래가 이루어진다는 사실을 증명한다. 실제 암호화폐의 입출금이 되는 계좌는 소수이고, 사용자들은 그 지갑에 암호화폐가 있다는 가정하에 따로 관리 하는 DB 상에서 숫자만 왔다 갔다 하는 것이다.

한 번쯤 이런 생각을 해본 적이 있을 것이다.

'암호화폐 입출금을 해보면 시간이 오래 걸리는데 매매를 하면 엄청나게 빨리 잔고가 왔다 갔다 하는데, 어떻게 이것이 가능하지?'

이것이 가능한 이유는 실제 외부로부터 입출금이 이루어졌을 때만 실제 지갑에서 지갑 간에 이동이 발생하는 것이고, 그 외 거래소 내 거래에 대해서는 모두 그들의 DB 내에서 숫자만 이동되는 것뿐이라 그렇다. 이러한 이

투자 스터디

유로 사실 원화로 암호화폐를 사고파는 것 또한 가능한 것이기도 하다.

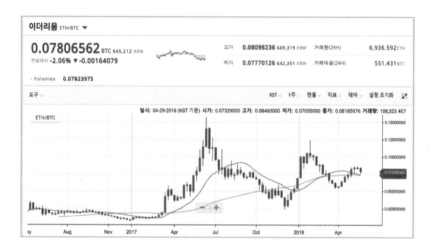

[2017. 5. 26. 업비트 거래소의 ETH/KRW 차트]

위의 두 차트를 비교해보도록 하자.

투자 스터디

두 차트는 2017년 중반부터의 이더리움 주봉 차트이다. 첫 번째 차트는 고점 대비 현재 가격을 비교해 보면 고점 0.16 BTC, 현재 0.08 BTC 고점 대비 약 50%(1/2)의 하락이 있음을 알 수 있고, 두 번째 차트는 고점 240만 원 현재 64만 원 고점 대비 약 26%(3/4) 만큼이나 하락했음을 나타낸다.

이 비교를 통해 알 수 있는 사실은 무엇인가?

실제 이더리움이 2018년 1월 대비 엄청나게 하락한 것 같지만 사실 고점 대비해도 절반밖에 내려오지 않았다는 것이다. 그리고 첫 번째 사진을 보면 오히려 원화의 전고점 2018년 1월보다 2017년 6월에는 이더리움의 가격은 더 높음을 알 수 있다. 국내거래소들이 제공하는 편리함(원화 거래)에 익숙해져 있어 이런 계산 착오를 하고 있다. 지난 2018년 3월 고점 대비 1/10 토막이 났다고 하지만 실제 KRW로 계산 시 그렇게 떨어진 것이지 실제 암호화폐시장에서는 전혀 그런 적이 없다. 단지 기축통화인 비트코인이 자체적으로 가격이 낮아진 것이고 그에 따른 동반하락이었을 뿐 실제 1/10 토막과 같은 일은 없었다. 혼란이 오지만, 반드시 알아야 하고 분명히 인지해야 하는 부분이다.

우리의 최종 목표는 KRW 환산 시 수익이기는 하지만, 분명 암호화폐시장의 기축통화는 비트코인이다. 미국에서 물건을 사려면 달러를 내야 하고, 유럽에서 물건을 사려면 유로화를 내야 한다. 우리나라 KRW를 들고 가서 마트에서 물건을 사려는 어리석은 행동은 하지는 않을 것이다. 미국의 햄버거 가격이 하루 만에 10%가 오르는 세계적인 빅뉴스가 터졌다. 그동안 우리나라 KRW의 가치는 5%나 떨어졌다. 우리나라 뉴스에서는 달러 대비 햄버거가 10%가 올랐다고 보도 하지, 햄버거 가격이 오르는 동안 5% 떨어진 KRW까지 계산하여 15%가 올랐다고 보도하지 않을 것이다. 아무것도 아닐 수 있지만, 이 사실을 정확히 인지하고 트레이딩을 하는 것과 안 하는 것은 분명 큰 차이가 있다.

비트코인의 가격이 낮으면 비트코인의 용도를 알기 때문에 미리 사둘 것이다. 하락장에서는 급등락하는 코인보다는 비트코인으로 돌려 둘 것이다. 상승장에서는 비트코인보다 상승률이 큰 콘코인을 선택하여 비트코인 늘리기를 시도 할 것이다. TrueUSD(TUSD), 테더코인(USDT)의 의미를 알고, 급등락장에서 해당 코인으로 대응할 것이다. 김치 프리미엄 등의 위험에 대해 인지 할 것이다.

내 주변에는 아직도 이런 게 무엇이 중요하냐고 말하는 친구들이 있다. 하지만 그들은 나만큼 시장을 응용하지 못하고 수익을 내지 못한다. 감히 장담하건대 이런 사실을 정확히 알지 못하는 이상 나만큼 수익을 못 낼 것이다.

암호화폐시장의 기축통화는 비트코인(BTC)이다. 모든 차트 시장 상황은 비트코인으로 접근해야 한다. 업비트의 호가창을 보면 빨갈 때는 다 빨갛고 파랄 때는 전부 파랗다. 하지만 그 상황에서 BTC 탭으로 이동 시 그렇지 않음을 확인할 수 있다. 이게 흔히 우리나라에서 말하는 급등락장 '떡상', '떡락' 장이 발생하는 이유이다.

KRW 기준으로 계산하기 때문이다. KRW 로 접근 시, 비트코인의 상승·하락에 따라 모든 시장이 다 상승·하락 하는 것이고, 기존 보유 코인 상승·하락분 + 비트코인의 가치를 동시에 계산해야 한다. KRW 계산이 나쁘다는 것은 아니다. 덕분에 엄청나게 편리하게 거래를 할 수 있다. 하지만 앞서 말한 것과 같이 착각은 하지 말자.

이 시장에서의 기축통화는 '비트코인'(BTC)임을 반드시 알고, 이 특징을 이용하여 수익을 내야지 착각 속에 손해는 보지 말자.

| 03 |

한눈에 보는 서울지역 부동산투자
(분양, 재개발)

최근 부동산 분위기는 썩 좋지 않다. 사실 우리나라 집값은 '강남'의 움직임으로부터 시작된다. 사실 나에게도 그렇지만 '강남'은 일명 '넘사벽'이라 말하고 허락된 자에게만 주어지는 그런 선택의 장이기도 하다.

전셋값 하락에 보유세 부담…강남도 급매물 나오며 '흔들'

[앵커] 아파트 시장에서 '강남불패'라는 말이 있죠? 다른 곳 집값이 떨어져도 강남권은 영향을 잘 받지 않는다는 의미인데요, 이 '강남불패'가 흔들리고 있습니다. 아파트 거래가 급감하고, 전셋값도 계속 떨어지고 있습니다. 박상현 기자가 보도합니다. [리포트] 서울 잠실의 아파트 단지. 지난달 말 전용 84㎡가 15억 800만 원에 팔렸습니다. 석 달 사이에 1억 원 넘게 빠졌습니다. 보유세 강화가 예고되면서, 종부세를 피하려는 급매물이 나오는 겁니다.

[박상현 기자, 2018. 5. 27., 〈TV조선〉 주요뉴스, '전셋값 하락에 보유세 부담…']

투자 스터디

   각종 세금 규제로 겁을 주는 등의 정부대책은 실제 효과가 조금은 나타나는 것으로 보인다. 하지만 지난 1년간 5~6억 원 오르고 이제 1억 원 정도 내려온 것이다. 주식과는 다르게 부동산시장에서는 1년 전 대비 5억 원 오르고 1억 원 내리면 '폭락' 이란 말을 사용한다. 부동산의 진짜 장점은 주간 0.01%씩 오르지만, 워낙 투자자본 자체가 크기 때문에 수익 실현 시 엄청난 수익으로 돌아온다.

   '주식으로 큰돈 벌었다는 사람은 주변에 잘 없다. 하지만 부동산으로 큰

   돈 잃었다는 사람은 없다.'

   주식은 워낙 유동성이 좋아 수시로 종목이 옮겨 간다. 또한, 그때그때 수익금액이 눈에 보여 장기투자가 쉽지 않다. 2~3번 수익을 내다가 한 번 잃게 되면 또 원금이고, 그러다가 한 번 더 잃으면 손해를 본다. 이 과정이 무한 반복이다.

   부동산은 한 번에 기본 수천에서 수억 원의 수익이 나는 구조다. 부동산은 누가 100만 원 더 준다고 사고팔지 않는다. 한 번 투자를 결심하면 기본 5년은 잡고 진행할 것이다. 그동안 물가 상승률, 집값 상승률을 고스란히 반영하여 수익으로 실현한다. 한 번 수익 실현 시 목돈이 되어 돌아오므로 진짜 수익이 된다. 아마 이러한 특징을 안다면 진짜 부자들이 왜 '부동산, 부동산' 하는지 알게 될 것이다.

투자 스터디

　내가 2018년 10월 말 현재 눈여겨보고 있는 부동산에 대해 몇 가지 알아보고 실제 예상 수익까지 한번 살펴보도록 하겠다.

■1 용산 오피스텔

　2018년 8월 박원순 서울 시장은 '여의도~용산' 개발 계획을 밝혔다가 이내 보류한 바 있다. 용산은 보류된 개발 계획과는 별개로 부동산을 조금이라도 아는 사람들은 이미 알고 있는 핵심 투자 지역이다. 조금만 검색해보면 이미 용산 부근 아파트 가격은 강남과 대등한 수준까지 올라가고 있음을 알 수 있다.

　앞으로 용산국제업무지구 종합계획이 예정되어 있고, 미군기지 이전 공원 조성, 지하철 지하화 등 서울 중심이니만큼 엄청난 개발 호재가 넘쳐나고 있다. 업무지구 조성 시 그에 따른 주택 수요는 엄청날 것이다. 그래서 비싼 아파트를 대체할 소형 빌라, 오피스텔의 수요도 자연스레 늘어날 것이다(수익률에 대해서는 인터넷 검색 시 잘 나올 것이니 직접 한번 알아보도록 하자).

　사실 평범한 직장인이 용산 부근 아파트에 투자하기에 다소 무리가 있을 것이고, 적금 들기는 아쉽다 하는 사람들은, 지역의 신규 오피스텔 같은 수익형 부동산 투자를 노려보자(실투자금 매매가의 20% 내외면 투자 가능). 공실 걱정 없을 것이고, 분명 앞으로의 시세 상승 또한 그 어떠한 지역보다 강력할 것으로 예상한다.

투자 스터디

2 북아현 2, 3구역

2017년 서울에서 집값이 가장 많이 오른 지역을 꼽으라 하면 단연 '마포'가 빠지지 않는다. 나도 마포자이 3차를 가지고 있었지만, 정부 규제도 맞물리고 본격적인 시세 상승이 있기 전 빠져버려 조금 아쉬움이 남기는 한다.

북아현 재정비구역은 현재 2구역의 재건축 매물의 경우 프리미엄이 4억원, 3구역의 경우 3억 원 정도의 프리미엄이 형성되어 있다. 재건축은 사실 실투자금이 많이 들어가고 과정이 복잡하기는 하다. 대신 그만큼 수익도 크다. 매물에 따라 평, 동, 호수 받는 것도 달라질 것이고, 추가 분담금도 차이가 많이 날 것이다. '마포래미안푸르지오'의 33평 기준 시세가 12~13억 원정도 되는 것으로 알고 있다. '아현역 푸르지오'가 33평 11억 원 정도 형성되어 있는데 2구역의 경우 위치가 훨씬 좋다.

매물을 알아본다면 주변 시세 12억 정도와 비교하여 투자를 고려해 보도록 하자. 사실 지금은 조금 늦은 감은 있지만, 아직도 충분히 매리트 있음을 알 수 있다.

3 동대문구 지역 분양

'강북 로또' 분양 지역 등극한 동대문구…시세보다 최대 2억 원 저렴

특히 투기지역에 포함될 만큼 집값이 오른 동대문구는 강북 로또 사업지로 꼽힌다. 동대문구 전농동 청량리 4구역을 재개발한 '청량리역롯데캐슬

투자 스터디

SKY-L65'와 용두동 동부청과시장을 재개발한 '동대문수자인'이 분양을 앞두고 있다. … 그 밖에도 동대문구 뉴타운 지역은 용두동 'e편한세상 청계센트럴포레', 제기동 '제기4구역힐스테이트'이 연내 일반 분양을 앞두고 있다.

[김리영 기자, 2018.10.17. 〈조선닷컴〉 땅집Go면, '강북 로또' 분양 지역 등극한 동대문구…]

최근 서울 시내 신규 아파트가 들어설 부지가 없다 보니 점점 구역이 확대되는 추세이다. 서울 시내가 점점 커지는 추세에 흔히 말하는 로또 분양이라는 곳들도 늘어나고 있다. 기사에 따르면 강남 지역은 주변 시세보다 5억이 낮다고 하지만 대출이 안 되는 평범한 우리에게는 다소 그림의 떡같은 존재이다(9억 이상 고가 주택에 대해 중도금 대출 불가). 하지만 기회가 없는 것은 아니다. 동대문구는 현재 재개발에 박차를 가하고 있고, 최근 새 아파트들의 분양들이 줄지어 예정되어 있다. 또한, 주변 시세 대비 분양가가 2억가량 저렴한 것으로 파악된다. 물론 당첨이 되기란 하늘의 별 따기일 것이다. 가점이나 조건 또한 굉장히 까다로울 것이다. 하지만 본인이 자격이 된다면 묻지도 따지지도 말고 '고!'(Go) 해보도록 하자.

분양 아파트의 최대 장점은 역시나 계약금 10%만 있으면 아파트가 완공되는 그 날까지 크게 들 어가는 돈이 없다는 것이다. 단, 요즘은 워낙 부동산 규제가 심해 전매, 양도소득세 등 현 부동산 정책을 충분히 파악하여 접근해야 한다.

4 구의, 자양 재정비촉진지구

이 지역이 유독 다른 지역처럼 재개발 속도가 빠르지는 않다. 그래서 당장 눈에 보이는 투자 호재는 없다. 하지만 내가 생각하는 서울 지역에서 노른자 땅 중의 하나이고, 분명 앞으로 10년 내 큰 변화가 보일 지역 중 하나이다. 해당 지역에 투자하기에는 사실 금액도 많이 들어가고, 큰돈을 장기간 묶어 둬야 하는 리스크가 있기는 하다. 하지만 공부해본다면 분명 괜찮은 지역임은 틀림없다. 내가 만약 10년 동안 묶어 둘 수 있는 여유 자금이 있다면 지방이나 시골에 땅을 사기보다 이 지역을 공부하여 잘 잡아 두지 않을까 생각한다.

그 외 5, 6, 7, 8, 9… 많다. 정말 많다. 할수만 있다면 당장 아래 기사에 실린 아파트 모두 청약신청을 넣어 볼 것이다. 하지만 나는 안타깝게도 2020년까지 재당첨 제한이 걸려 있어 시도조차 할 수가 없다.

'청약 당첨 땐 시세차익 수억 원… 내달 서울 로또단지 무더기 분양!' 청약 당첨 시 수억 원의 차익이 생기는 '로또' 분양 단지들이 내달 무더기로 쏟아진다. 서울 강남권과 목동·여의도 생활권, 청량리 등 이슈 물량을 놓고….

[성문재 기자, 2018. 5. 25., 〈이데일리〉, '청약 당청 땐 시세차익 수억 원…']

분양 말고도, 한남·용산, 당산, 흑석, 노량진, 길음, 신길, 미아 등 재개

투자 스터디

발, 재건축! 너무너무 많다. 시간이 허락한다면 모든 지역 현장을 직접 살펴보고, 부동산 중개사무소 들려 보고 싶은 마음이다. '세상은 넓고, 할 일은 많다'는 게 이런데 두고 하는 말이 아닐까 싶다. 욕심 일 수 있으나 재테크가 본업은 아니지만, '주식, 부동산, 암호화폐'에 있어서는 그 어느 하나 놓치기가 싫다.

사실 위에서 말한 지역 또한 이미 눈치 빠르고 발 빠른 사람들은 선점한 이후고, 내가 만약 지금 들어간다면 조금은 늦은 감이 있다. 물론 안 하는 것만 못하진 않다. 현재 수익을 다시금 부동산 쪽으로 돌리려 공부 중이다. 나름 주식과 부동산으로 수익을 내고 있지만, 부동산은 직접 발로 뛰어야 하는 만큼 시간을 빼기나 공부가 쉽지 않다. 혹여, 아직도 월급만 모아 부자가 되겠다는 꿈을 가지고 있는 사람이나, '나도 때가 되면 부자가 되겠지'라고 생각하는 사람이 있다면, 당장 주말에 컴퓨터를 끄고, 낮잠 한숨 딜 자고 모델하우스부터 들러보자. 투자, 내 집 마련을 위해 노력하는 사람들이 얼마나 많은 지부터 한 번 느껴보도록 하자.

Epilogue

꼭 하고 싶은 말

직장인 재테크의 3가지는 모두 연결되어 있다

지금까지 부동산, 주식, 암호화폐의 3가지 재테크 방법에 대해서 실제 경험을 토대로 독자 여러분께 설명할 기회를 얻었다. 여러분은 3가지 재테크에 관한 이야기를 통해 무엇을 느꼈는지 궁금하다. 혹시 3가지 재테크를 모두 함께 관통하는 하나의 큰 원리를 발견하신 분이 계신가? 그렇다면 통찰력이 대단히 높은 분이라 생각된다.

강조하고자 하는 하나의 큰 원리는 다음과 같다.

투자 대상은 각각 다르더라도 수익을 내기 위한 투자 접근법과 자세는 결국 하나로 귀결된다는 것이다. 구체적으로 살펴보면, 투자는 조급해서는 안 된다는 점, 수익을 내는 습관을 찾아내는 데 집중해야 한다는 점 그리고 한 곳에 국한한 투자를 실행하지 않는다는 점이 바로 그것이다.

이 책을 처음 준비했던 시점의 암호화폐는 세상을 바꿀 수 있을 것처럼 엄청난 열기로 가득 찼었다. 그러나 이 책을 마무리하고 있는 현재(2018년 11월) 암호화폐는 굳이 찾아보지 않으면 뉴스에서 언급되는 일도 며칠에 한 번꼴로 드문 현실에 놓여있다. 그뿐만 아니라, 거래량이나 회전속도 등도 작년과 비교하면 10분에 1 수준에 불과해 격세지감을 크게 느끼게 된다. 그렇다고 암호화폐시장이 끝물이라는 이야기도 아니다. 나와 비슷한 또래의 현재를 사는 우리는 1970년대 강남에 아파트를 살 기회를 얻지는 못했다. 하지만 비트코인을 800만 원에 살 기회는 가지고 있다. 이런 방식으로 접근해야 한다. 암호화폐를 사라는 이야기는 아니다. 하지만 분명 기회의 장이 될 수도 있는 만큼 늘 모니터링하고 공부하라는 이야기이다.

암호화폐에 전 재산을 투자해 큰 손해를 보았다는 사람에 관한 이야기나 고점 대비 손해를 얼마나 보았는지 등 그나마 암호화폐에 관련해 등장하는 기사들은 모두 투자 실패에 대한 냉혹한 현실이 주를 이룬다. 나도 암호화폐에 대해서는 성장성을 대단히 높게 생각했다. 그를 통해 암호화폐에 올인해 집중투자를 했더라면 현재를 장담할 수 없었을 것으로 생각한다.

그래서 투자에 대한 접근과 자세가 중요하다. 내가 암호화폐에 처음 투자하기 시작했던 시기가 2017년 초로 암호화폐가 크게 대두하기 전이라는 것을 고려해 보자. 놀랍지 않은가. 과연 나는 운이 좋았던 것일까? 내 생각은 그렇지 않다. 서울에 아파트 2채를 분양받았던 시기는 2014~15년이다. 서울 시내 아파트 미분양이 속출하던 시기다. 그러나 한창 열기가 올라 최고조에 이르러 고점을 향해가고 있을 때 투자하지 않았다. 부동산도 암호화폐도 투자에 나선 시기는 '무릎, 즉 저점'에 가까이 있었지만, 성장 가능성이 잠재되어 있었던 시점이었다. 주식과 재테크 분야에 대해 끊임없는 관심 속에 2017년 초 붐이 일어나기 전에 암호화폐에도 투자가 가능했다. 그리고 암호화폐 열기가 정점을 이뤄 어깨에 달했을 때, 수익을 낸 뒤 부동산이나 주식 등 다른 투자 대상을 찾아 새로운 투자에 나섰다.

성장 가능성을 보고 한발 앞서 움직여야 한다는 점을 명심해야 한다.

모두가 좋다고 아우성칠 때는 이미 고점을 향해가고 있을 가능성이 높다. 암호화폐에 대한 열기가 한풀 꺾였지만, 나는 암호화폐에 대한 모든 관심을 끊어버리지 않았다. 지금도 나만의 투자기법을 활용해 트레이딩 수익을 내고 있고, 암호화폐를 둘러싼 각종 외부적 변화와 기술 자체의 잠재성에 따른 성장성에 대해 끊임없이 공부 중이다. 암호화폐와 블록체인 등의 잠재성은 근본적으로 흔들리지 않은 만큼 언젠가는 암호화폐가 다시 빛을 볼 날이 있을 것이다. 나는 그때를 찾아내고자 끊임없이 노력할 것이다.

다음으로, 분산투자에 관해 이야기하고자 한다. 투자에 있어 무엇보다 중요한 자세 중 하나는 다음과 같다.

분산투자를 통한 위험 부담의 최소화를 꼭 실천할 수 있도록 하자.

아무리 좋은 주식이 있어도 거기에 투자 여력을 올인하지 않았고, 아파트에 투자할 때에도 그 원칙은 마찬가지였다. 암호화폐가 세상을 뒤흔들 때에도 물론이었다. 분산투자의 원칙은 투자 대상 등에 대해서는 물론 투자 대상 내에서도 모두 적용되어야 한다.

어디 어디에 올인해서 큰 손실을 보고 전 재산을 탕진했다는 뉴스를 접할 때면 매우 안타깝다. 이 책을 접하는 독자분들은 절대 그런 위험에 노출되지 않기를 소망한다. 앞서 본문에서 설명했듯 분산투자 원칙은 투자를 시작하기 전에 명심해야 할 기본 중의 기본 원칙이다.

수익 실현 이후가 무엇보다 중요하다

수익을 내는 것만큼이나 실현된 수익을 지키는 것이 중요한 이유

먼저 수익 실현 이전 단계에 관한 이야기를 하고자 한다. "팔아야 수익이다"는 말이 있다. 재테크를 해본 사람이라면 한 번쯤 들어봤거나 쉽게 이해할 수 있는 말일 것이다. 보유한 주식의 가격이 오르거나, 보유한 암호화폐의 가격이 오르는 경우, 아파트 매도호가가 오르는 경우 등 얼마가 되었든 간에 수익으로 실현되어 내 통장에 입금되지 않은 단계에서의 수익은 실제 수익이 아니다. 주변에서 보면 자신이 보유한 주식의 가격이 크게 올랐다는 등의 이유로 사고 싶던 물건을 사는 등의 경우를 심심치 않게 찾아볼 수 있다. 그러나 명심해야 한다. 최종적으로 내 통장에 입금되어 수익이 실현되지 않은 이전 단계에 해당하는 모든 것들은 수익이 아니다.

그렇다면, 수익을 실현해 완전히 내 수익이 된 후에는 다 끝난 것일까? 물론 그렇지 않다. 수익을 실현한 후에는 충분히 그 수익의 활용처 등에 대해 생각할 시간을 가지는 것이 중요하다. 내가 했던 가장 크게 후회되는 실수 중 하나가 바로 그에 해당한다. 주식투자 시 어느 종목을 매도해 수익을 내고 나면 그 예수금을 그대로 묶어두지 못하고 곧바로 다른 투자 등 투자에 나섰던 시절이 있었다. 재테크에 대한 생각이 강해 수익이 나면 수익이 난 대로 손실이 나면 손실이 난 대로 투자에 나섰다. 개인적인 목표와 투자 계획을 정립하는 등 시스템적으로 접근하지 못하고 감정적으로 우발적인 투자를 했다.

그럼 투자 수익을 낼 수 있는 좋은 습관은 무엇일까?

수익을 실현한 뒤 충분히 연구하고 고려해 다음 투자 계획 등 목표를 정립할 만한 여유를 가지는 데 있다.

오늘내일 투자를 해 수익이 실현될 수 있는 것이 아니다. 장기적인 투자의 관점에서 보면 지금 당장 눈에 보이고 손에 잡힐 것 같은 투자가 있어도 그것에 일희일비하지 않도록 해야 한다. 충분히 연구하고 고려해보지 않았다면 투자 대상에서 제외해야 한다. 지금 당장 우연에 의한 성공에 집착하지 말고 수익을 낼 수 있는 습관을 만들고 학습과 목표에 따라 투자할 수 있도록 하여 계속적이고 장기적인 투자가 가능할 수 있도록 하는 데 초점을 맞추도록 하자.

수익은 막 쓰는 돈이 아니다 재투자 종잣돈이다

모두 알다시피 투자에는 기본적으로 레버리지 효과가 적용된다. 따라서 시드(Seed) 머니의 중요성을 논하는 것은 불필요한 일임을 모두 이해할 것이다. 100만 원으로 100만 원의 수익을 내기 위해서는 100%의 수익을 올려야만 한다. 그렇다면 같은 투자에 대해 1억 원을 투자했다면 어떠한가? 1억 원을 투자했다면 1%의 수익만 나도 100만 원의 수익을 올릴 수 있다.

투자에 대한 수익금은 시드 머니가 될 수 있는 자금이다. 자금을 불려갈 수 있는 핵심이 된다. 그럼에도 불구하고 투자 수익금에 대해서는 내가 벌어서 이득을 본 금액이라는 이유로 아무렇게나 사용하는 경우를 종종 목격할 수 있다. 이득을 본 금액이라고 해서 그 중요성이 절대 덜하지 않다. 오히려 레버리지 효과를 누리기 위해서는 더욱 가치있는 금액이 된다.

투자 수익금을 절대 쉽게 번 돈으로 생각하지 않도록 하자. 재테크 수익 등에 있어 앉은 자리에서 쉽게 번 돈이라 폄훼하는 시각이 있지만, 그러한 시각은 한참 잘못된 인식에 기인한다. 정보를 모으고 공부하고 시간을 투자하고 내 자본을 투자하는 일은 누구에게나 작지 않은 노력을 필요로 하는 일이며 시간과 자금이 부족한 일반 직장인들에게 투자 수익은 절대적으로 작지 않은 노력에 대한 대가이다. 그렇게 열심히 노력해 벌어들인 투자 수익금을 귀하게 여기자. 그리고 앞으로의 재투자를 위한 가치 있는 종잣돈으로 삼을 수 있도록 하자.

수익을 내는 3대 원칙 & 손실을 피하는 3대 원칙

수익을 내는 3대 투자 원칙

첫째, 절대 조급해서는 안 된다.

부동산이든, 주식이든, 암호화폐든 어떤 투자 대상을 막론하고 갑자기 붐이 일고 이 종목을 투자해야 할 것만 같은 생각이 든다면 반드시 명심하자. 이 투자 대상에 대해 어제도, 한 달 전에도 관심조차 두지 않았었다. 잘 알고 있지 않고 충분히 공부되지 않았을 뿐 아니라 붐이 일고 있다면 이미 고점을 향해 달려가고 있을 가능성이 높다. 부동산과 관련해 실거주할 집에 대해서는 예외가 될 수 있지만, 단순히 투자 목적의 재테크 대상이라면 절대 조급하게 투자해 고점에서 투자하는 일이 발생하지 않도록 하자.

둘째, 수익 내는 습관을 기르자.

수익의 규모가 작든 크든 상관없이 반드시 수익을 실현하는 습관을 기를 수 있도록 하자. 100만 원을 투자해 1만 원에 미치지 못하는 수익을 내더라도 상관없다. 반드시 수익을 내서 그 습관을 이어갈 수 있도록 하자. 수익의 기쁨을 유지하기 위해서는 계획에 의한 정확한 목표 설정과 안정적인 투자 습관 등이 기반이 된다. 단순히 기쁘기만 한 것을 넘어 투자의 성공을 견인할 수 있게 되는 것이다. 또한, 계속되는 수익의 실현을 통해 재테크에 재미를 느끼고 더 깊숙이 공부할 수 있는 동기 부여 효과도 누릴 수 있다. 재테크란 힘든 과정이 될 수 있다. 종일 업무에 시달리던 직장인들에게는 더욱 힘들고 스트레스받는 과정이 될 수 있다. 작은 수익일지라도 수익을 내는 기쁨은 그를 상쇄할 수 있는 가장 큰 보상이 될 것이다.

셋째, 나만의 투자 기법을 만들어 활용하자.

투자에는 정답이 없다. 때문에 투자를 둘러싸고는 갖가지 투자 기법과 철학이 난무하기 마련이다. 그러나 어떠한 투자 기법도 자신을 100% 만족하게 하기란 쉽지 않다. 안정성과 수익성 모두를 만족하게 하는 마스터키는 없기 때문이다. 따라서 내 성향과 투자 철학에 맞는 투자 기법을 정립하는 것이 중요하다. 어떤 분야든 접근할 때 적용할 수 있는 자신만의 투자 기법을 정립해 나가는 것을 목표로 여러 가지 공부와 다양한 경험을 쌓을 수 있도록 하자. 나의 경우에는 앞서 이야기했듯, 매수 시점과 목표 가격 등을 정해두고 순차매수를 시행하는 것을 투자 기법으로 삼고 있다. 내 나름대로 안정성과 수익성을 절충해 투자하는 방법을 마련한 것이다. 물론 이것은 충분한 공부와 분석을 통해 종목을 선택하고 정확한 투자 타이밍을 찾게 될 때 가능한 방법이다. 이와 관련하여서는 각자의 투자 성향 등에 따라 자기만의 흔들리지 않는 투자 기법을 찾아낼 수 있기를 바란다.

손실이 나지 않는 투자를 위한 원칙

첫째, 투자에 관해서는 냉정해야 한다.

주식투자를 통해 10% 수익이 났고, 같은 금액의 암호화폐에 대한 투자를 통해 5%의 손실이 났다면 여러분은 어떻게 생각할 것인가? 여러분은 투자금에 비해 5%의 수익을 실현해 투자 성공을 이뤄냈다고 여기고 좋아할 것인가? 투자에 관해서는 냉정해야 한다. 투자에 관해 너그러워져서는 안 된다. 착각하지 말자, 여러분은 투자에 성공하지 않았다. 주식에서는 수익을 보았지만 암호화폐에서는 명확히 손실을 기록했다. 나도 한때 스스로에 대해 그런 위로를 종종 하곤 했다. 그러나 어느 부분에서는 성공했으니 이 부분에서는 조금 손해를 보더라도 괜찮다는 스스로에 대한 합리화는 투자에 있어 극히 경계해야 하는 생각이다. 투자에 관해서는 느슨하게 생각해서는 안 된다. 느슨한 생각이 투자 실패를 불러온다.

둘째, 수익을 시퀀스(Sequence) 단위로 끊어서 관리하자.

사실 이는 감정적인 투자를 억제하고 아쉬움을 달래기 위한 마음가짐과 연관된 투자 방법이다. 예를 들어, 100만 원을 가지고 10%의 수익을 목표로 투자를 진행한 뒤 투자 성공으로 10%의 수익이 났다고 치자. 이후 연이어 실행하는 다음 투자는 110만 원을 가지고 투자를 진행할 수 있을 것이고, 아니면 100만 원짜리 투자 하나와 10만 원짜리 투자 하나로 나눠 2가지 투자를 진행하는 방법도 있을 것이다.

굳이 두 투자 방법이 무슨 차이가 있을까? 사실 큰 차이가 있다기보다는 마음가짐에 관한 차이다. 만일 100만 원으로 10%의 수익을 목표로 했지만 150만 원까지 수익 실현이 가능할 만큼 투자 대상의 가격이 올랐다가 애초 목표로 한 110만 원 부근까지 떨어진 상황을 가정해 보자. 그렇다고 해도 목표 금액을 달성했기에 110만 원 선에서 수익을 실현하면 그만이고, 손실을 보지 않고 오히려 수익을 보았다. 그렇게 아쉬울 것이 없지만 사람 마음이라는 것이 어디 마음대로 되나. 아쉬운 마음이 대단히 크게 자리할 것이다. 그렇게 아쉽다는 마음이 드는 순간 감정적으로 나는 수익을 보았음에도 왠지 손실을 본 것과 같은 생각이 들고, 150만 원을 다시 찾기 위해 감정적인 투자에 나설 개연성이 많다. 시퀀스로 나눠 투자하자는 발상은 그것을 막아보기 위한 발상에서 출발한다.

위와 같은 경우 보통 150만 원까지 투자 대상의 가격이 올라가는 것을 보았기 때문에 다시 150만 원이 올 때까지 끊임없이 기다릴 수밖에 없다. 그러나 그런 감정적인 투자는 수익을 낼 수 있는 좋은 습관에 해당하지 않는다. 이때, 아쉬워하지 말고 10만 원의 수익이 났다고 여기고, 새롭게 100만 원짜리 투자와 10만 원짜리 투자를 시작할 수 있도록 하자는 것이다.

나는 2017년 한 해 동안 재테크 수익으로 10억 원가량의 수익을 올렸다. 그러나 수익률이 최고조에 달했을 때에는 13억 원까지도 갔었다. 그러나 아쉬워하지 않는다. 기존의 자본금에 더해 벌어들인 10억 원을 가지고 2018년을 새롭게 시작했다. 이러한 방식으로 월 단위 혹은 연 단위 등 투자 시작에 대해 끝맺음을 명확히 만들어 구분해 관리할 수 있도록 하자. 지나간 투자에 대해 아쉬움을 시스템으로 극복할 수 있게 될 것이다.

셋째, 자산에 대해 철저히 관리할 수 있도록 하자.

'지피지기면 백전백승이다'는 말은 투자에서도 일리 있는 말이다. 지금껏 우리는 '적'에 해당하는 투자 대상을 어떻게 알아갈지에 대해 살펴보았다. 그렇다면 '나'에 대해서는 어떠한가. 나에 대한 이해와 꾸준한 관리도 투자 대상에 대한 이해만큼이나 중요하다. 너무 자주 수행할 필요는 없지만, 반년에 한 번 정도는 본인의 총자산과 경제 상황 등에 대해 꼼꼼히 파악할 수 있도록 하자.

현재 시점에서 부채가 얼마인지, 부채를 상환하기 위해서는 얼마의 시간이 소요될지, 내 수익은 얼마인지, 우리 가족의 한 달 생활비는 얼마인지, 저축액을 늘리거나 줄일 여지가 있는지 등 총체적인 경제 상황에 대해 정확하게 파악할 수 있어야 한다. 내 상황을 정확하게 파악할 수 있어야 투자의 목표와 계획의 설정도 가능하며 이는 투자 성공에도 영향을 미칠 수 있다. 내 상황을 정확히 알아야 무리한 투자를 지양해야 하는지, 조급한 투자를 해서는 안 되는지 등 투자 계획을 명확히 세울 수 있다.

젊어부자의 재테크 특강

직장인자
부 되 기

젊어부자의 재테크 특강

직장인 부자 되기

2018. 11. 21. 초 판 1쇄 인쇄
2018. 12. 3. 초 판 1쇄 발행

지은이 | 문주용
펴낸이 | 이종춘
펴낸곳 | BM (주)도서출판 성안당

주소 | 04032 서울시 마포구 양화로 127 첨단빌딩 5층(출판기획 R&D 센터)
10881 경기도 파주시 문발로 112 출판문화정보산업단지(제작 및 물류)

전화 | 02) 3142-0036
031) 950-6300

팩스 | 031) 955-0510
등록 | 1973. 2. 1. 제406-2005-000046호
출판사 홈페이지 | **www.cyber.co.kr**
ISBN | 978-89-315-8720-3 (03320)
정가 | **16,000원**

이 책을 만든 사람들

책임 | 최옥현
기획 · 진행 | 박남균
교정 · 교열 | 에프엔, 박남균
표지 · 본문 디자인 | 에프엔
홍보 | 정가현
국제부 | 이선민, 조혜란, 김혜숙
마케팅 | 구본철, 차정욱, 나진호, 이동후, 강호묵
제작 | 김유석

www.cyber.co.kr
성안당 Web 사이트

■ 도서 A/S 안내

성안당에서 발행하는 모든 도서는 저자와 출판사, 그리고 독자가 함께 만들어 나갑니다.
좋은 책을 펴내기 위해 많은 노력을 기울이고 있습니다. 혹시라도 내용상의 오류나 오탈자 등이 발견되면 "좋은 책은 나라의 보배"로서 우리 모두가 함께 만들어 간다는 마음으로 연락주시기 바랍니다. 수정 보완하여 더 나은 책이 되도록 최선을 다하겠습니다.
성안당은 늘 독자 여러분들의 소중한 의견을 기다리고 있습니다. 좋은 의견을 보내주시는 분께는 성안당 쇼핑몰의 포인트(3,000포인트)를 적립해 드립니다.
잘못 만들어진 책이나 부록 등이 파손된 경우에는 교환해 드립니다.

젊어부자의 재테크 특강

직장인
부자되기

젊어부자의 재테크 특강

직장인
부자되기

젊어부자의 재테크 특강

직장인자기
부되